OPPORTUNISTES

ET

RADICAUX

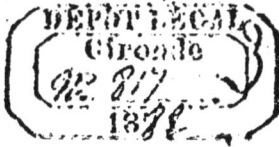

par

CLODOMIR DUTILH

Instituteur Public

BORDEAUX

IMPRIMERIE NOUVELLE A. BELLIER & Cⁱᵉ

15 -- Rue Cabirol et Rue du Hà — 49

1882

OPPORTUNISTES

ET

RADICAUX

par

Clodomir DUTILH

Instituteur Public.

———✺———

BORDEAUX

IMPRIMERIE NOUVELLE A. BELLIER & Cie

16 — Rue Cabirol et Rue du Hâ — 49

1882

POUR PARAITRE PROCHAINEMENT

EN 20 FASCICULES

LE CATÉCHISME DE L'HOMME

Par Clodomir DUTILH

Instituteur Public

〜〜〜〜〜〜〜〜〜〜〜

> J'ai glané dans les champs voisins ; j'offre
> ma gerbe aux hommes. Je n'ai pris chez moi
> que le lien qui a servi à la lier.
>
> DUTILH.

OPPORTUNISTES

et

RADICAUX

I

Il y a une dizaine d'années, l'Empire s'écroulait à Sedan, après avoir provoqué l'invasion prussienne.

Quelques citoyens se jetèrent alors à la barre du gouvernail, au moment où le navire sombrait.

L'histoire dira si ces citoyens étaient de vrais patriotes ou de vulgaires partisans.

Il est acquis toutefois que leur gouvernement jeta un immense discrédit sur le prestige de leur première audace.

Pas une idée grande, noble, en ces suprêmes circonstances, ne surgit dans l'intelligence de ces hommes.

A peine au pouvoir, les difficultés, le danger les débordant, le cœur leur défaille; ils voudraient se démettre.

Mais une ambition à la fois égoïste et mesquine les a mordus au cœur.

Ils regrettent un pouvoir acquis à si peu de frais.

Ils promettent des élections à bref délai : elles auront lieu 2 octobre. Puis, elles sont irrévocablement fixées au 16.

Et après toutes ces hésitations hypocrites, on les ajourne aux calendes grecques. On reste au pouvoir.

Puis ces citoyens viennent nous dire : nous sommes au combat et non au pouvoir.

Voyons-les à l'œuvre.

Ils concentrent l'organisation de la défense nationale.

Ils forment de grands corps d'armée.

Ils veulent imposer un emprunt forcé et en centraliser les fonds à Tours....

Et.... ils veulent vaincre les Prussiens.... au nom de la République...., avec le concours des généraux de l'Empire, généraux incapables ou traîtres.

Et ces républicains, qui voient la République sur un volcan entouré d'un million de Prussiens, ne savent prendre que des demi-mesures.

Faconde d'avocat, fanfaronnades de ministres de rencontre, incapacité notoire, tel est leur actif.

Bazaine trahit, parce qu'il n'est pas surveillé.

Aurelles de Paladines est vaincu : tout grand corps d'armée était fatalement battu d'avance.

Et Paris capitule, parce qu'il n'est pas secouru.

Alors tous ces incapables s'effacent le plus modestement possible de la scène politique.

L'un d'eux même franchit la frontière à la hâte.

Ils ont conscience de la témérité de leur suffisance qui, sans le dévouement du peuple, faisait sombrer la France.

L'histoire pardonnera peut-être leur insuccès à l'audace de leur première inspiration. Je n'insiste pas.

Un de ces incapables reparaît, audacieux.

Peu s'en faut qu'il ne vienne nous dire, parcourant le Quercy, la Touraine, ou plutôt la France entière en triomphateur :

« Citoyens, c'est à pareil jour que j'ai vaincu Annibal à Zama; allons au capitole rendre grâces aux dieux. »

Louvoyant avec habileté entre les divers partis politiques qui se disputent la France, il lance de temps à autre une phrase hardie, en pâture au radicalisme, poursuit son œuvre avec souplesse..., et enfante l'opportunisme qui consiste à ne rien faire, tout en simulant de faire beaucoup.

Quelques citoyens croient, ou plutôt feignent de croire que l'opportunisme a fondé la République en France. On ne saurait baser rien de stable, rien de sérieux, que sur un principe. Or, l'opportunisme est loin d'être un principe. Car, faire une chose dans le temps que vous jugez opportun n'est pas un principe, c'est tout simplement prouver que l'on ne doit pas être conduit à Charenton.

Chacun de nous en fait autant à tous les instants de sa vie; et lorsqu'un citoyen cesse d'agir ainsi, on le conduit dans une maison de santé.

L'opportunisme n'est qu'un mensonge d'hypocrisie, formule tout aussi vague que celle de conservateur; formules élastiques qui séduisent toujours les esprits superficiels, mais qui ne sauraient soutenir le moindre examen. Demain, nous nous demanderons où sont les opportunistes d'aujourd'hui, comme aujourd'hui nous nous demandons : Où sont les conservateurs d'hier ?

Il ne me sera donc pas difficile d'établir :

1º Que l'opportunisme n'a rien fondé;

2º Que la République n'existe pas en France.

Que se passe-t-il depuis dix ans?

Des hommes de tous les partis concourent à la direction de la chose publique. Réactionnaires de même acabit, conservateurs de toute nuance, révolutionnaires fougueux ou modérés ont cherché un terrain commun pour la lutte : car jamais on ne vit pareille anarchie.

Et parce que vous avez donné à ce gouvernement innominable l'étiquette républicaine, oseriez-vous venir nous dire que nous sommes en République ?

C'est la division des partis qui, seule, a fondé le gouvernement actuel, auquel il me serait bien difficile de donner une dénomination quelconque.

L'opportunisme, loin d'avoir rien fondé, n'a pas même un grand mérite à exister; sa devise pourrait parfaitement se formuler ainsi (sauf quelques réserves pour l'avenir) :

« Tout est pour le mieux dans le meilleur des mondes possibles. »

Et M. Gambetta vient nous affirmer que nous sommes en

République, puisqu'il a un journal à sa dévotion intitulé : la *République Française*.

Ah ! cette forme du Gouvernement actuel vous sourit, M. Gambetta, répond amplement aux aspirations de votre cœur, de votre haute intelligence politique ! et peut-être quelque peu aussi à vos besoins matériels !

Nous sommes en République !

Et nous avons un Sénat, issu du suffrage le plus souverainement injuste, le plus souverainement ridicule qu'aient pu imaginer les ennemis de la République !

Car, le soin de la chose publique est confié à des hommes à l'élection desquels ont concouru, à titre égal, M. le Maire de Bordeaux, qui représente les intérêts de 200,000 Français, et M. le Maire de Couture, qui a 37 électeurs, je crois.

Et malgré cette monstruosité gouvernementale, l'idée républicaine n'a pu être terrassée en France. Une idée qui a passé par le creuset d'un tel suffrage est définitivement admise.

Nous sommes en République !

Et nos enfants sont entre les mains des congrégations religieuses ! et nous n'avons pas une loi juste, possible, qui régisse l'enseignement populaire !

Nous sommes en République !

Et le prêtre chrétien, dans chaque commune, est soudoyé par le gouvernement pour continuer son œuvre corrosive de démoralisation, pour abrutir les jeunes générations françaises, atrophier leur intelligence, souiller leur corps par les plus ignobles turpitudes !

Et le gouvernement puise des millions dans le Trésor public, et les distribue à ce même prêtre, afin que, du haut d'une chaire, que par une ironique antiphrase sans doute, on appelle chaire de vérité, il lance impunément et sans contradiction aucune les affirmations les plus mensongères, les enseignements les plus grossiers, les plus stupides, les plus immoraux, les plus antipathiques à tout état social !

Nous sommes en République !

Et nous avons deux évêques à Bordeaux !

M. Donnet.... ne peut plus faire son métier, ou il peut le faire encore.

Dans le premier cas, à la retraite.

Dans le second, pourquoi un coadjuteur ?

Et c'est ainsi qu'on gaspille notre argent, sous un gouvernement républicain, pendant que le peuple est écrasé d'impôts !

Nous sommes en République !

Et nous avons une armée active de 700,000 hommes, et le volontariat existe, et le prêtre n'est pas soldat ! et non seulement les séminaristes existent, mais ils sont subventionnés par l'État.

Nous sommes en République !

Et le soin de rendre la justice est confié aux plus indignes ! et des Procureurs généraux sont vendus aux évêques ! et les Présidents des Cours d'assises outragent publiquement MM. les jurés par les allusions les plus injurieuses ! et l'innocent subit chaque jour les insultes impudentes du coupable ! et l'inamovibilité, qui implique incorruptibilité, perfection, existe encore ! et nous menace même de devenir une arme sérieuse entre les mains de l'opportunisme !

Nous sommes en République !

Et la pourriture morale du dernier Empire suinte par tous les pores administratifs !

Et l'officialité de Bordeaux impose ses créatures au gouvernement ! ses familiers les plus dévoués, les Decrais, passent de la Préfecture de la Gironde au Conseil d'État, et de là à Bruxelles !

Nous sommes en République !

Et les honnêtes gens sont muets, tremblants de terreur sous les menaces latentes des bandits, fauteurs du 16 mai ! et depuis le 13 mars 1879, jour néfaste s'il en fût, les Mac-Mahon, les Broglie, les Fortou, promènent insolemment sur les places publiques leur arrogante impunité !

Nous sommes en République !

Et des citoyens sont jetés en prison pour avoir constaté, avec plus ou moins de satisfaction, qu'il y a un autocrate de moins en Europe !

Une loi doit prévoir un crime possible. Ainsi, une loi qui défendrait aujourd'hui d'assassiner un druide, serait une loi absurde, stupide.

Or, peut-on aujourd'hui assassiner un roi de France ? donc la loi française est caduque par le seul fait de la suppression de la royauté !

Je vous demanderai donc en vertu de quel principe vous vous immiscez dans le code pénal de vos voisins ?

Ah ! oui, nous sommes en République, mais c'est une République comme l'ancienne Rome, n'attendant plus qu'un maître pour se vendre !

Un tel état de choses ne saurait durer.

Un homme qui, dans ces derniers temps a eu une certaine influence sur la direction de la chose publique, a dit : la République sera conservatrice ou elle ne sera pas.

C'est une erreur majeure, capitale.

Je dis : la République sera radicale ou elle ne sera pas.

Fonder un nouvel état social sur les principes de la Science voilà son unique raison d'être.

L'antique direction morale a disparu en France. Nous ne croyons plus à la direction morale du prêtre : c'est un fait acquis, indiscutable.

Les pratiques extérieures de la religion, par quelques imbéciles et quelques gredins, ne sauraient infirmer ce que j'avance.

La grande évolution de l'intellect humain est accomplie. L'antique conception de l'Univers est désormais classée dans les faits mythologiques.

Or, qui pourrait contester que l'état actuel de notre Société n'est pas le produit, la conséquence de cette conception ?

La Science a fait table rase des traditions, des croyances du christianisme.

Le paradis matériel ne pouvant exister, l'action qui dirige vers lui cesse.

Que reste-t-il à l'homme ? le positif, la vie présente.

Et je ne crains pas les clameurs, d'ailleurs parfaitement inoffensives, que pourra soulever une pareille doctrine.

Je connais ces grandes phrases : matérialisme, athéisme, déchaînement de toutes les passions, péril social, égoïsme, etc., etc.

Je n'ai qu'un mot à répondre.

Quel est l'homme qui aujourd'hui, en France, ne s'occupe

exclusivement de son bien-être en ce bas monde ? quel est celui qui suit, à la lettre, l'enseignement du christianisme ?

Et lorsque tout le monde pratique ma doctrine, qui donc sera autorisé à s'insurger contre elle ?

Je dis donc que le seul but à poursuivre pour l'homme est son bien-être actuel.

Toute doctrine, tout fait qui ne visera pas ce but, doivent être proscrits. Or, la République est le seul gouvernement où l'on puisse poursuivre ce but.

Et ce but se poursuivra nécessairement. La Science n'est pas rétrograde. Malheur à qui barrerait le chemin.

Tout le monde parle de République. Mais les habiles du jour, qui n'aspirent à la direction des affaires que dans un but égoïste, se gardent bien d'en donner une définition. Ils ont sans doute de graves raisons pour cela faire.

Moi qui suis un des pionniers de l'idée nouvelle; qui, sans arrière-pensée, sans ambition (car, j'aurai bien toujours en France ou ailleurs, si par impossible je succombe dans la lutte, un morceau de pain et un verre d'eau), je vais dire ce qu'est la République.

Le peuple administrant lui-même ses affaires.

Quel est le moyen pratique, d'où seul possible d'une telle administration ?

L'élection libre de mandataires responsables.

Une difficulté gît dans ce choix : c'est au peuple à la résoudre en sa faveur, à ses risques et périls.

Et comme conséquence de la faillibilité du choix, le mandat doit être temporaire.

Le mandataire, que j'appellerai député, n'est qu'un homme d'affaires.

Or, le mandataire ne doit administrer que selon les indications, je dirai même plus, selon les ordres du mandant, d'où le mandat impératif; non un mandat impératif qui fasse du député une simple machine, mais un mandat traçant en grandes lignes les besoins, les aspirations du mandant, et laissant au député toute latitude pour les détails et les questions secondaires imprévues.

Le mandataire, négligeant ses affaires personnelles, doit être payé pour les soins qu'il donnera à la chose publique.

Mais si je ne veux pas lui imposer le brouet noir, je ne veux pas voir chez lui chaque jour, aux dépens du peuple, des festins de Lucullus dans des salles d'Apollon; je ne veux pas qu'un député, serait-ce M. le Président de la Chambre, dépense 70,000 fr. dans une soirée, cette soirée fût-elle offerte à tous les pachas de la Sublime-Porte ?

L'unique morale de cette République sera :

Le concours de chacun au bien-être général.

On doit rechercher d'abord le bien de la société. Le bien individuel en découlera naturellement, et il est évident que plus la somme totale du bien-être dans une société sera grande, plus la part de ce bien-être total, revenant à l'individu, sera grande aussi.

D'où l'on voit très bien que l'intérêt individuel n'est que secondaire, et qu'il faut, de la façon la plus rigoureuse, sacrifier à l'occasion l'intérêt d'un seul à l'intérêt de tous.

Quant aux faits, aux actes secondaires de l'individu, liberté absolue ; les us et coutumes, les mœurs d'un peuple se façonnent d'eux-mêmes. La Science, le Progrès, s'imposent nécessairement; ce n'est pas œuvre de législateur.

Il me reste maintenant à jeter un coup d'œil rétrospectif sur les actes de nos hommes d'État pendant la période de dix ans qui vient de s'écouler.

II

S'il fût jamais un droit incontestable, c'est bien celui qu'a le mandant de vérifier les comptes du mandataire. C'est notre droit et notre devoir. Et ce qu'il nous importe surtout, c'est de rechercher le profit, le bien qu'en a tiré la République,

Je me proposai d'abord de suivre pas à pas, pendant les dix années qui viennent de s'écouler, les faits et gestes du Parlement, du Sénat, et de tous les teneurs de portefeuilles qui se sont succédé dans les divers ministères.

J'ai, pour cela faire, tous les matériaux sous la main. Mais j'avoue franchement que bien peu de lecteurs auraient assez de patience pour lire la compilation des lois et décrets parus depuis dix ans.

Nous y verrions à chaque pas les hommes du pouvoir, réactionnaires par éducation et par intérêt, luttant pied à pied contre les revendications populaires, ne cédant à l'opinion publique quelques lambeaux de Justice et de Liberté, que par la crainte de provoquer de légitimes violences où sombreraient nécessairement leurs dernières espérances.

J'estime qu'il sera beaucoup plus utile d'exposer avec quelques développements, les diverses réformes qu'il est urgent d'opérer. Cet exposé dira le chemin parcouru avec une toute autre éloquence.

L'immense majorité, en France, admet qu'il y a des réformes à opérer. La grande question du jour est celle de savoir si les réformes doivent être lentes, progressives, ou si elles doivent être immédiates, radicales.

Pour résoudre cette question, la plus importante que puissent se poser les hommes d'État, il faut entrer résolument dans une étude sérieuse, approfondie du tempérament actuel des mœurs françaises.

Et il faut envisager toute réforme sous le double point de vue théorique et pratique.

Deux ennemis sont en présence, ennemis irréconciliables.

L'Erreur ou Ignorance, et la Vérité ou Science.

D'un côté le prêtre.

De l'autre le futur instituteur.

L'Église.

L'École.

Les fauteurs (et le mot n'est pas trop sévère) de toutes les hésitations, de toutes les transactions du jour dans la lutte, sont de maladroits amis ou de mortels ennemis.

Il n'y a que deux classes d'individus en France :

Ceux qui vont à confesse, ou cléricaux, rétrogrades ;

Et ceux qui n'y vont pas, ou anti cléricaux, progressistes.

Et ces deux qualificatifs expriment très bien la situation des partis ; ils ne sauraient être récusés par nos adversaires qui nous disent hardiment : quiconque n'est pas avec nous est contre nous.

M. le marquis de X..., vous avez parfaitement posé la question aux pieds de sa Sainteté Joachim Pecci, et c'est ainsi que j'entends la poser moi-même.

Eh bien ! d'ores et déjà, j'affirme que les cléricaux ne veulent pas de réformes : ou s'ils en veulent, j'affirme que leurs réformes seront diamétralement opposées à celle que nous proposerons au nom de la Science, au nom de l'Humanité.

Ceci n'a pas besoin de preuves.

Les cléricaux veulent rétrograder d'un siècle ; nous, nous voulons marcher toujours. D'aucuns même parmi nous veulent faire des bonds de vingt ans en avant ; d'un siècle si possible était.

Toutefois le désaccord existe chez les progressistes, non sur les principes des réformes, mais sur l'opportunité de l'application des réformes.

Pourquoi ce désaccord qui me semble vouloir se prolonger outre mesure, au grand détriment de la société ?

Parce que le soin de la chose publique est confiée à des hommes qui ont reçu, comme la masse du peuple, une éducation cléricale, et qui, se trouvant, par le hasard de la naissance, dans un milieu où la vie est facile, n'ont pas eu à lutter.

Nos députés et nos sénateurs ont tous été baptisés et ont fait leur première communion.

A cette époque de la vie de l'enfant, où le cerveau est le plus malléable, le plus impressionnable, le prêtre chrétien lui a inculqué sa doctrine avec opiniâtreté. La famille a concouru, par habitude, à renforcer cette instruction religieuse, en conduisant l'enfant aux cérémonies du culte.

A peine l'enfant peut-il se mouvoir, on lui met un fétiche dans les mains, une croix, une médaille, un chapelet.

A peine commence-t-il à balbutier sa langue, on lui fait prononcer le nom de Jésus, de la vierge Marie, de dieu.

Puis, lorsque son intelligence commence à se développer, on lui fait apprendre par cœur et cela avec tenacité, dans la famille, à l'école, à l'église, le livre le plus stupide, le plus abrutissant que le fanatisme religieux ait pu rédiger, le catéchisme du diocèse.

A sept ans, l'enfant va à confesse. Là, dans le tête-à-tête, à loisir, le prêtre façonne son intelligence, son cœur ; il s'assimile toute cette âme autant qu'il est humainement possible de le faire.

Puis, il lui fait faire la première communion, avec éclat,

puis-je dire; dans des circonstances qui devront nécessairement laisser, en son jeune cœur, des traces ineffaçables.

On provoque une grande fête de famille. On assemble le plus de monde possible.

L'enfant n'oubliera pas ce jour.

Toute l'enfance appartient au prêtre.

Puis vient l'adolescence.

Ici l'action du prêtre va se scinder en deux.

En effet le prêtre n'a pas de femme. Mais la nature n'a nul souci des décrets des papes et des conciles. Le prêtre est soumis à ses lois comme tous les êtres.

Il lui faut la femme : aussi voyez tous les soins, tous les efforts apportés pour conserver la jeune fille.

Dès le lendemain de la première communion, le garçon secoue le joug du prêtre. Le prêtre se console aisément de cette désertion.

L'adolescent viendra deux ou trois fois encore communier à Pâques; à l'époque du mariage on exigera de lui un billet de confession, et voilà l'homme complètement émancipé de la tutelle directe du prêtre.

On le relance encore à son lit de mort, (pardon de l'expression, mais elle est vraie) car il y a quelque argent à gagner à l'enterrement.

Puis c'est tout... pour ce monde.

Quant à la femme c'est autre chose : on la maintient sous le joug *per fas et nefas*.

A la veille de la première communion, le prêtre a hâté le réveil des sens. Dans cette œuvre de démoralisation précoce, le prêtre ne fait que son devoir. Et c'est là le côté grave de la question. Son Liguori en main, le prêtre doit parler du péché de luxure avec des détails cyniques.

Les leçons porteront leurs fruits. La jeune fille aimera de l'amour le plus ardent l'Enfant-Jésus qui sera bientôt le plus beau des enfants des hommes. Or le prêtre est le représentant de ce Dieu d'amour.

Dans le choix lui-même du prêtre, se dévoile effrontément le but poursuivi. Pour être prêtre, il ne faut avoir aucune imperfection physique.

De la théorie à la pratique, il n'y a que l'épaisseur d'une occasion. Là est la difficulté, difficulté qui sera bientôt franchie.

On fait le catéchisme de persévérance pour les jeunes filles ; on forme des chœurs de chanteuses, des confréries de la sainte Viérge, du Saint-Sacrement, du Sacré-Cœur, etc., etc.

Puis il y a les anciennes, les matrones (on pourrait les qualifier tout autrement) qui président, qui dirigent. On va quelquefois à l'église, de là à la sacristie ; on se hasarde jusqu'au presbytère.

Dès ce moment la jeune fillette de douze à quatorze ans appartient au prêtre, corps et âme.

Et ici commence, après l'assouvissement de la luxure, une seconde œuvre, œuvre ténébreuse, œuvre d'ambition, de pouvoir.

Ces victimes de la luxure du prêtre joueront un rôle important dans la société. On les dressera à dominer le mari qu'on leur choisira.

Et c'est ainsi que le clergé atteint le double but : la femme livrée à sa luxure à l'âge où elle ne peut se défendre, et le mari soumis au prêtre par la femme.

Comme cette domination du prêtre par la femme devient chaque jour de plus en plus précaire (car la Science moralise la femme), le prêtre n'insiste pas dans les affaires ordinaires de la vie. Ainsi on voit journellement le prêtre fréquenter des hommes qui ne vont ni à la messe, ni à confesse.

Cependant voilà des hommes qui négligent leur salut, et vous, prêtres, qui chaque jour les voyez, vous ne faites rien pour leur conversion.

Lorsque je vous vois faire tant d'efforts, tant de bruit pour envoyer en Chine ou ailleurs quelques fous ou imbécilles, je me demande pourquoi le prêtre, dans ses relations de chaque jour, ne cherche pas à convertir ces millions de Français qui ne pratiquent pas.

La femme va à confesse : c'est tout ce qu'il vous faut.

Lorsqu'il s'agit de questions autrement graves que le salut du mari de madame, telle que l'expulsion des Jésuites (qu'on n'a pas expulsés du tout), des Frères ; oh ! alors, nous voyons toute la bande noire sur pied, déchaînant la révolte contre l'autorité des lois et du Gouvernement. Tous les moyens sont bons à part la colère divine, car il est à remarquer qu'à propos de l'expulsion des Jésuites (et ceci est un des signes du temps, (style Dupanloup) qu'on n'a pas vu en Belgique), lorsqu'on cadenassait les portes, lorsqu'on se barricadait chez soi, MM. les évêques et cardinaux français n'ont nullement menacé des armes divines, (excommunication) qui cependant doivent avoir une toute autre efficacité que ces moyens vulgaires de défense, lesquels ne conviennent qu'aux émeutiers de 48, aux misérables de 71.

De cet état de choses, il résulte évidemment ceci : anarchie complète dans la direction morale de la société, et, par une conséquence inévitable, anarchie dans le gouvernement.

L'issue de la lutte n'est pas douteuse : la Science triomphera.

Cependant, rien ne manque au prêtre pour lui assurer le succès : il est dans la place depuis des siècles; il possède tous les forts, tous les arsenaux : l'homme lui est livré dans le ventre de sa mère.

Et à peine l'homme est-il adolescent (c'est le fait de chaque jour) il secoue le joug du prêtre, repousse avec indignation et mépris son enseignement et ses pratiques religieuses.

Car qui voit-on aujourd'hui à confesse ?

Quelques jésuites à robe courte, hommes de la pire espèce.

Et que nous faut-il, à nous, progressistes, pour provoquer cette désertion en masse de vos autels ? une simple étincelle de Science, de Vérité, lancée dans le cerveau humain.

La masse du peuple est aujourd'hui sans boussole morale. Et il est évident que l'action du prêtre ne saurait apporter aucune modification à cet état de la société ; car, si le prêtre a été impuissant à maintenir, sous le joug, l'homme pendant l'adolescence, il sera tout autrement impuissant pour l'y ramener à l'âge viril.

La Science est appelée à donner cette direction morale.

On doit voir maintenant les motifs du désaccord qui existe chez les progressistes que j'appellerai désormais républicains, bien que cette dénomination ne soit guère applicable.

Les députés et sénateurs républicains sont à peine sortis de la larve cléricale. Toutes les attaches ne sont pas encore rompues chez le plus grand nombre.

L'homme, ayant déserté la foi de ses aïeux, et n'ayant pas

sous la main une foi nouvelle, devient indifférent en matière de morale.

Or, cette indifférence provoque un redoublement d'activité pour les intérêts positifs, ce qui est un obstacle à l'action scientifique qui se trouverait indéfiniment retardée peut-être, si l'humanité n'était soumise à la loi de ce qu'on est convenu d'appeler le progrès, mais qui, pour moi, n'est autre que le mouvement, la vie individuelle.

Entièrement absorbé par les intérêts matériels, le pauvre n'a guère de loisirs pour se livrer à l'étude de la Science, et le riche, ayant la vie facile, a peu de stimulants et reste oisif.

Aussi ni les uns ni les autres n'ont l'énergie que donne une conviction, et l'habitude l'emporte sur leurs doutes. Ils se laissent faire ; ils sont indifférents.

Quelques-uns, livrés à l'étude pour divers motifs qu'il serait oiseux d'énumérer, parviennent, par un travail opiniâtre, par des efforts persévérants, à une conviction, à une foi.

Le plus grand nombre, indifférents, marchent en avant (c'est la loi commune), subissant l'impulsion du progrès.

Ceux-ci veulent bien des réformes ; mais ayant toujours un œil en arrière, par leur éducation cléricale, ils ne savent que marcher lentement, et même le plus souvent que stationner, ce qui convient parfaitement à leur paresse, ou plutôt à leur insouciance.

Les autres, ayant une ardente conviction, fruit de leurs études, veulent le progrès rapide, les réformes immédiates.

Il est incontestable que les uns et les autres se dirigent vers le même but. Pas un seul ne peut tenter une marche en arrière. Les uns veulent se hâter lentement (et sans perdre courage, je veux bien le croire), d'autres nous disent : Les réformes immédiates ne sauraient être radicales, et les réformes radicales ne sauraient être immédiates.

Et nous, nous voulons immédiatement des réformes radicales.

Je l'ai déjà dit, une étude sérieuse, approfondie, du tempérament actuel des mœurs françaises, peut seule faire cesser le désaccord qui, momentanément, divise les républicains.

Ainsi, on vient dire, en plein Sénat, qu'il y a 35 millions de fervents chrétiens et 80,000 libres penseurs.

Je croyais le Sénat à l'abri de pareilles gasconnades. O Majesté du Sénat romain, où êtes-vous ?

Ces chiffres étant admis, le budget des cultes doit être maintenu. Mais si, par l'étude des faits, la proposition se trouve renversée ; s'il y a 35 millions d'individus qui ne croient pas en Jésus-Christ, qui ne pratiquent pas sa doctrine ; si, non seulement la proposition est renversée, mais si elle est complètement détruite ; si on ne trouve pas un seul chrétien, même parmi les évêques, il est évident que le budget des cultes doit être supprimé.

Chez les opportunistes (le mot est reçu), l'évolution intellectuelle n'est pas parfaite. Ils tendent à la vérité, mais leurs attaches à l'erreur ne sont pas totalement rompues. La loi du progrès leur impose la marche en avant ; c'est leur volonté, leur tendance aux réformes ; mais l'habitude tend aussi à les maintenir au point de départ : d'où lutte, lutte d'autant plus opiniâtre que l'habitude est grande.

Il appartient à l'avant-garde de hâter le dénouement de la lutte : c'est ce que nous ferons, dussions-nous rentrer dans les rangs du gros de l'armée pour la porter en avant.

Après trente ans d'études, après avoir vu mes cheveux blanchir au creuset des méditations les plus profondes, je n'hésite pas à me porter aux avant-postes et à vous crier, à vous opportunistes, et à vous progressistes de toutes nuances :

La Vérité est là-bas, en avant !

Nous serons exposés aux coups (nous en savons quelque chose par l'histoire et par nous-même), mais nous ne faillirons pas.

Si à quatre-vingts ans on nous baptise, ce n'est pas nous, Science, Intelligence, qu'on a dompté : c'est la matière soumise à la grande loi des formes.

Le baptême d'un vieillard idiot, à quatre-vingts ans, par un Hurvelin quelconque, serait tout aussi concluant en faveur des doctrines chrétiennes que celui d'un fœtus, dans le ventre de la mère, par le curé de Champoly.

Voici les réformes que j'estime les plus graves et les plus urgentes à opérer :

1º Supprimer le Sénat.

2º Refondre l'enseignement populaire sur les bases scientifiques.

3º Faire rentrer les déclassés dans l'ordre, ou les bannir.

4º Supprimer le budget des cultes.

5º Réduire immédiatement, de moitié au moins, le chiffre de notre armée active, en attendant sa suppression totale.

6º Supprimer l'inamovibilité.

7º Proclamer la liberté absolue de la presse.

8º Rétablir le divorce.

9º Diminuer les impôts.

Lorsque ces grandes réformes seront accomplies, la nation française entrera majestueusement dans la grande phase humanitaire.

Alors, chaque jour aura naturellement, sans secousses, sa réforme secondaire dans nos institutions sociales, politiques, dans notre moralité, et, comme conséquence nécessaire, dans le bien-être général.

Suppression du Sénat.

Le Sénat est-il une institution utile ? une institution loyale ? Examinons ces deux points.

Après la chute de l'Empire, les divers partis politiques se jetèrent résolument dans l'arène pour recueillir son sanglant héritage.

Pendant deux ans, la lutte ne put aboutir, et les partis réactionnaires, toujours en présence, remarquèrent un jour, avec effroi, que l'idée républicaine (que dans leur pauvre cervelle, ils avaient toujours considérée comme un mythe) grandissait, grandissait toujours à la faveur de leurs divisions.

Alors, tous les réactionnaires, dans leur haine acharnée contre la République, se voyant impuissants à rien fonder, concentrèrent tous leurs efforts vers un but unique: empêcher que rien ne fût fondé.

« Par le suffrage universel, l'idée nouvelle fait chaque jour de rapides progrès. Il faut enrayer, paralyser cette marche en avant.

» Nous avons un élément qui peut très utilement nous aider. Cet élément réside dans les campagnes. Opposons-le à celui des villes. »

Ainsi fut inventé ce mode d'élection qui donne au délégué de 50 électeurs, la même influence, la même autorité qu'au délégué de 200,000; élection qui devait, selon les prévisions, faire sombrer l'idée républicaine, et qui a parfaitement réussi à la tenir en échec.

On doit poser au Sénat le dilemme suivant.

Ou vous ne faites rien ;

Ou vous faites quelque chose.

Dans le premier cas, vous êtes parfaitement inutile; vous devez être supprimé.

Dans le second cas, on ne peut admettre que deux hypothèses: ou vous contresignez purement et simplement les décisions de la Chambre des députés;

Ou vous les contrôlez, et au besoin y apposez votre veto.

Dans la première hyothèse, on doit encore vous dire: vous êtes parfaitement inutile, vous devez être supprimé.

Dans la seconde hypothèse. lorsque vous apposez votre veto, vous devenez nuisible, vous devez être supprimé.

Sous quelque point de vue qu'on envisage votre rôle, vous devez disparaître.

Et en effet, qu'est-ce que le Corps législatif? c'est l'expression directe de la volonté nationale, manifestée sans restriction aucune; car on ne vit jamais électeur dire à un candidat à la députation: Je veux bien vous donner mon suffrage, mais à la condition expresse que vous agirez conformément aux vues du Sénat. Non, l'électeur donne, sans arrière-pensée, plein pouvoir au député.

En vertu de quel principe, en vertu de quel droit, dans un pays de suffrage universel, venez-vous donc contrôler les actes des mandataires du peuple?

Vous avez été institué, dites-vous, comme pouvoir pondérateur, soit pour stimuler, soit pour modérer les députés.

Encore un dilemme à poser:

Ou le Corps législatif agira sagement, se conformant scrupuleusement au mandat que le peuple lui a confié;

Ou bien, il agira en insensé, contre les intérêts de la chose publique.

Dans le premier cas, vous faites double emploi; vous êtes inutile.

Dans le second cas, vous guidez les pas imprudents des députés! Vous les empêchez de faire sombrer la République!

A qui ferez-vous donc accroire que telle est la mission patriotique que vous vous êtes imposée?

Vous, les hommes que l'on connaît! employer tous vos efforts pour faire triompher la République en France!

Allons donc.

Vous n'êtes qu'un expédient pour retarder, autant qu'il sera possible de le faire, l'avènement d'un gouvernement républicain.

Mais, vous le comprenez très bien, l'heure s'avance rapidement où vous sombrerez pour jamais.

Car, quels sont vos défenseurs?

Tous les réactionnaires, ennemis acharnés de la Liberté, de la Science.

Le Sénat est l'unique palladium des idées monarchiques, comme le budget des cultes est l'unique soutien du clergé.

La résistance est parfaitement inutile, quant au résultat final; mais elle pourrait avoir de funestes conséquences, si elle se prolongeait trop.

Pendant plus d'un demi-siècle, les peuples catholiques réclament contre les excès de la papauté: les papes résistent.

Une occasion se présente; le trafic des indulgences se fait avec cynisme.

Le protestantisme surgit aussitôt qui, non seulement sape dans ses assises séculaires le pouvoir temporel des papes, mais le détruit même dans son principe.

En France, le peuple réclame contre les excès de la monarchie. Pendant près de vingt ans, la souveraineté populaire revendique, humblement pour ainsi dire, contre le droit divin. Malgré les hontes, les infamies du règne de Louis XV, Louis XVI résiste.

Le peuple passe outre : la revendication a lieu avec violence, avec fureur. Nous avons 93.

Aujourd'hui, la souveraineté populaire, au lendemain des désastres de l'Empire (l'Empire, double expression du droit divin et de la monarchie absolue), la souveraineté populaire revendique avec calme, mais avec énergie.

On aperçoit même quelques symptômes de violence. Vous êtes sourds, vous êtes myopes, Messieurs du gouvernement ; tant pis pour vous !

L'institution du Sénat est encore soutenue par M. Gambetta. On a déjà écrit des volumes sur cet homme, qui, il faut bien l'avouer, est devenu depuis quelque temps le point de mire de l'opinion publique en France. Il est vrai que les principaux volumes (à voir Reinach), sont déjà, quoique nés d'hier, passés à l'état de bouquins.

Selon moi, la lutte, depuis les dernières élections, est entre les opportunistes et les radicaux.

A la fin de cette brochure, je dirai, en quelques mots, mon opinion sur les diverses] phases et l'issue inévitable de cette lutte.

Je ne rechercherai pour le moment que la part d'influence que peut avoir l'intervention de M. Gambetta dans le maintien du Sénat.

Je vais exposer premièrement la valeur morale de cet appui, au point de vue républicain.

Le Sénat est une institution éminemment réactionnaire par ses origines, que nous allons examiner avec quelques détails.

Au commencement de 1873, les divers partis monarchiques avaient encore tous quelque espoir d'une restauration quelconque.

Mais l'année 1872 avait apporté certains doutes dans l'esprit des plus intelligents.

En prévision d'un avenir incertain, la majorité réactionnaire de la Chambre des Députés vota le 2ᵉ paragraphe de l'article 5 de la loi du 15 avril 1873.

M. Gambetta pourra-t-il contester que l'idée d'un Sénat ne soit éclose dans la cervelle d'un Broglie, et n'ait été mise en avant par la majorité d'une Chambre antirépublicaine !

C'était une réserve qui devait être une pierre d'achoppement pour le gouvernement républicain.

Les républicains flairent le piège. Ne pouvant l'éviter, ils se disent en eux-mêmes : Essayons d'en fausser tous les ressorts.

Par 12 voix de majorité, la Chambre des députés décide que les sénateurs seront nommés par les mêmes électeurs que les députés.

Ce vote terrifie les roués de la réaction.

La séance est levée immédiatement. Dans la nuit du 11 au 12 février, toutes les forces de la réaction sont déployées, et dans la séance du lendemain la même Assemblée repousse l'ensemble de la loi par 23 voix de majorité.

Aussitôt M. Brisson demande la dissolution. M. Gambetta appuie vigoureusement le projet de la dissolution d'une Assemblée qui, par ses votes, proclamait elle-même son impuissance à rien fonder.

D'ailleurs, cette Assemblée, par ses paroles, par ses votes, a toujours consacré le provisoire. Le pacte de Bordeaux n'était que provisoire.

En 1871, M. Baragnon dit que le titre de Président de la République n'est que la parure d'un provisoire nécessaire, ne préjuge en aucune façon la Constitution du pays, et, pour tout dire, n'engage à rien.

Il s'agit, disait M. de Ventavon en 1873, d'organiser les pouvoirs du maréchal de Mac-Mahon.

En 1875, M. Pâris déclare, au nom de la Commission tout entière, que non seulement les lois constitutionnelles pourront être modifiées dans leur ensemble, mais que la forme du gouvernement lui-même pourra être l'objet d'une révision.

Il est donc parfaitement démontré que la majorité de l'Assemblée des Députés n'entendait instituer que le provisoire, et cela s'explique très bien en présence des compétitions des divers partis politiques qui se disputaient le pouvoir.

Le Sénat est l'œuvre de cette Assemblée.

En 1871, cette Assemblée se décerna le pouvoir constituant. M. Gambetta combat avec violence les prétentions et les usurpations (le mot est sévère) de cette Assemblée.

Et aujourd'hui, M. Gambetta veut maintenir le Sénat, œuvre de cette Assemblée, qui n'accepte qu'à une voix de majorité la substitution de Président de la République aux mots : Maréréchal de Mac-Mahon ; qui n'a jamais entendu elle-même que viser le provisoire dans toutes ses décisions, et dont il a combattu avec tant d'éloquence et de vigueur *les prétentions* et *les usurpations*.

Ce que je souhaite, dit M. Gambetta, parce que c'est le fondement de la stabilité, de la grandeur de la République (imité de Dufaure), c'est de voir deux Chambres animées du même esprit démocratique, et concourant raisonnablement, équitablement à l'élaboration des lois, ainsi qu'à la discussion des affaires.

Je demanderai à M. Gambetta s'il est possible d'admettre que deux Chambres, issues de deux suffrages parfaitement distincts, puissent être animées d'un même esprit démocratique.

Je crois qu'il serait assez difficile de faire accepter cette supposition par un esprit quelque peu sérieux.

Par ce qui précède, on voit très bien que l'opinion de M. Gambetta, au sujet du Sénat, est basée non sur un principe, mais sur des intérêts. Elle est donc très peu respectable et ne saurait avoir une grande influence morale.

En effet, M. Gambetta dénie à l'Assemblée le droit constituant, et lorsque son intérêt le demande, il soutient la Constitution, œuvre de cette Assemblée.

La Constitution de 1875, selon M. Gambetta, nous a sauvés.

De qui ? de quoi ? du 16 mai peut-être ?

C'est elle qui nous a délivrés d'Henri V..., d'un Napoléon quelconque.

M. Gambetta devrait être moins laconique dans ses affirmations : il est vrai que c'est là son grand talent.

Ne cherchons pas à la remanier, s'écrie-t-il. Nous l'ébranlerions. Il serait souverainement contraire aux nécessités d'un bon gouvernement de mettre avant l'heure (quelle heure, toujours son même laconisme) une partie quelconque de votre Constitution en suspicion devant le pays... Attendez le troisième renouvellement.

C'était à Cahors que M. Gambetta prononçait ces paroles, à la veille de faire présenter le scrutin de liste.

La loi est rejetée par le Sénat. Aussitôt, la *République Fran-*

çaise, organe de M. Gambetta, jette feu et flammes contre le Sénat. Et aujourd'hui M. Gambetta, à peine au pouvoir, place en première ligne dans son programme la révision de la Constitution en ce qui concerne le Sénat.

Aucun républicain sincère et quelque peu intelligent n'admettra que la Chambre des députés, jusqu'en 1875, ait travaillé à fonder la République. Or, le Sénat, je ne saurai trop le redire, est l'œuvre de cette Chambre à laquelle M. Gambetta ne m'empêchera pas d'appliquer le fameux *timeo danaos et dona ferentes*.

Donc, le Sénat est une institution nuisible à la République. Vous voulez le modifier dans un sens démocratique. Mais encore une fois par qui le ferez-vous nommer ? Par le suffrage universel direct ? La nomination de M. Devès semblerait nous autoriser à le croire. Mais alors votre Sénat ne serait qu'une doublure de la Chambre des députés, inutile.

Par le suffrage restreint ? Mais alors il n'aura pas le même esprit démocratique.

Singuliers hommes politiques que ceux qui ont la prétention de vouloir mettre en harmonie deux démocraties distinctes, l'une universelle, l'autre restreinte, comme si la démocratie n'était pas une, indivisible !

Singuliers penseurs aussi que ceux qui assimilent nos mœurs aux mœurs suisses, aux mœurs américaines !

Je conçois très bien un Sénat, sous la main d'un empereur, dans un pays de suffrage universel; pour museler ce suffrage.

Mais, je ne le conçois pas, dans une République, où chacun doit concourir au bien général *avec toute sa force, tout son courage, toute son activité !*

La suppression du Sénat est la seule solution à provoquer. Vous qui le soutenez, prouvez-nous donc son utilité.

Je crois avoir suffisamment démontré : 1° que le Sénat, par son origine, est éminemment anti républicain ; 2° que M. Gambetta le soutient, non par principe mais par intérêt.

M. Gambetta, qui reproche aux intransigeants leur accointance avec l'extrême droite, ne voit donc pas sa propre accointance avec tous les réactionnaires du Sénat ?

Vous supposez que les députés républicains, à un moment donné, oubliant tout patriotisme, abdiquant toute raison, nous ramènent le roi, déclarent la guerre à l'Europe, empruntent des milliards à tort et à travers; et vous affirmez que quelques vieillards, plus ou moins cacochymes, sont infaillibles ?

Vous avez donc oublié que le Sénat faillit faire sombrer la République en 1877 ?

Je me plais à croire que vous ne basez pas l'utilité d'un Sénat sur l'approbation qu'il peut donner à un projet de loi; établissant la perception d'une surtaxe sur les vins dans divers octrois; autorisant certaines villes à emprunter quelques centaines de mille francs, etc., etc.

Si le rôle du Sénat était tout là, vous m'accorderiez bien qu'il est parfaitement inutile.

Ce n'est donc que dans les grandes circonstances qu'il n'est pas difficile de préciser que l'intervention du Sénat, selon vous, est nécessaire : emprunts extraordinaires, déclaration de guerre, révision de la Constitution, nomination d'un Président de la République si vous le voulez, voilà bien les quelques cas majeurs où vous avez à craindre l'imprudence, l'effarement.

D'abord, je ne vous accorde nullement que les sénateurs que vous nommerez aient plus de patriotisme, plus de prudence, de sagesse que nos députés. Je ne vois pas trop sur quelles considérations se basera votre preuve.

Toutefois, pour un instant, j'admets votre façon de voir. Mais vous m'accorderez bien que ces cas prévus, qui selon vous réclament l'intervention d'une] Chambre haute, ne se présentent que fort rarement. Il ne s'en présentera pas certainement en moyenne, un chaque année.

Or, nous n'aurions donc un Sénat permanent que dans la prévision qu'un de ces cas se présenterait.

Eh bien ! si c'est réellement dans l'intérêt de la République que vous voulez maintenir le Sénat, je vais vous indiquer un contrôle utile, sérieux, et bien moins onéreux pour nos finances, considération qui n'est certes pas à dédaigner en ce moment-ci.

Dans les communes, nous n'avons qu'un Conseil municipal; mais la loi a sagement prévu le cas où le Conseil municipal, mal inspiré, fâcheusement influencé, pourrait compromettre de graves intérêts.

Lorsqu'il s'agit chaque année, d'établir une imposition extraordinaire, le Conseil municipal est renforcé d'un certain nombre d'électeurs pris parmi les plus fort imposés de la commune.

Voilà un contrôle utile, sérieux lorsqu'il s'agit d'intérêts majeurs.

Pourquoi, au sujet de la Chambre des députés, n'établirait-on pas un contrôle analogue ?

Vous avez dans chaque département des notabilités dans l'administration, dans les finances, dans l'armée. Faites nommer à l'élection, parmi ces notabilités, un nombre de membres égal au nombre de députés, et lorsqu'un des cas cités plus haut se présenterait, réunissez-les en congrès.

Voilà un vrai congrès national, vrai représentant de tous les intérêts, et pouvant utilement discuter sur les grands problèmes de la vie d'un peuple.

J'avoue, il est vrai, que ce ne serait pas là un instrument bien docile peut-être entre les mains d'un gouvernement.

Pour les affaires courantes, la Chambre des députés suffit.

Pour les circonstances exceptionnellement graves dont j'ai parlé plus haut, instituez un congrès tel que je l'ai indiqué.

Votre programme est celui de la France, avez-vous dit. Si votre affirmation est sincère, sans arrière-pensée, supprimez le Sénat, et entrez franchement dans la voie des réformes radicales.

D'ailleurs, encore quelques votes comme celui du 21 novembre contre M. Hérold, et cela, après le rejet de l'article 7, prouvera aux plus incrédules que le Sénat est l'unique refuge du cléricalisme, et que le soutenir, est une œuvre, n'en déplaise à M. Gambetta, souverainement anti-républicaine.

Le moyen pratique pour supprimer le Sénat est celui-ci.

Les députés votent une réforme quelconque : la suppression du budget des cultes, par exemple.

Le Sénat oppose son vote.

La Chambre des députés maintient son vote.

Conflit : appel au peuple.

Mais je sais qu'il est parfaitement oiseux d'insister à ce sujet. La Chambre actuelle des députés, sous les auspices de chefs opportunistes, ne demandera pas mieux que de vivre en bon voisinage avec le Sénat pendant quatre ans, et d'ajourner aux calendes grecques toute réforme radicale.

Le peuple acceptera-t-il cette situation ? Je n'oserai l'affirmer.

Mais ce que je ne crains pas d'affirmer, c'est que dans quatre ans d'ici, les trois quarts de ces députés ne rentreront pas au Parlement.

M. Gambetta lui-même sera usé d'ici à peu de temps. Sa majorité de demain ne sera pas celle d'hier, car c'est une majorité d'intérêts, non une majorité de principes.

L'appui d'une telle majorité ne saurait être que des plus précaires. Il le comprend parfaitement lui-même, et ce n'est que, poussé par les circonstances, qu'il s'est vu dans la nécessité d'accepter un pouvoir vers lequel l'ont hissé, pour ainsi dire, des amis maladroits et impatients.

On rapporte que Caton l'Ancien ne cessait de répéter à ses concitoyens : *Delenda est Carthago.*

Eh bien ! moi, je ne cesserai de répéter : Il faut supprimer le Sénat.

Enseignement populaire.

I

Les délibérations à la Chambre des députés et au Sénat, concernant les lois qui viennent d'être discutées au sujet de l'enseignement primaire, nous édifient parfaitement sur les tendances des réactionnaires et des opportunistes.

Les réactionnaires ont la suprême honte d'avoir pour défenseurs les Fourtou, les Broglie, hommes sinistres dont l'hypocrisie n'a d'égale que la lâcheté, puisqu'ils n'osèrent aller jusqu'au bout en 1877.

Lorsque ces hommes sont à la tribune, il me semble voir un prêtre qui, après avoir souillé une jeune épouse ou violé une fillette de douze à treize ans dans la sacristie, revêtent un surplis et montent en chaire pour prêcher la pudeur et la chasteté. Tous ces hommes-là sont descendus si bas en morale, qu'ils commettent les plus grands forfaits presque avec insouciance.

C'est au nom de la liberté, au nom de la religion catholique, qu'ils ont combattu la loi.

La liberté invoquée par Fourtou ! par Broglie ! et le 16 mai est d'hier.

O impudence !

Ah ! vous voulez le prêtre tout-puissant ! pour votre œuvre de démoralisation, d'abrutissement, vous n'avez pas assez de vos églises : il vous faudrait l'école ! le peuple livré au prêtre !

Et ces nobles seigneurs, et tous ces saints prélats recommenceraient le moyen âge !

Allez, mettez votre dernier enjeu..., faites votre va-tout. Dans un an au plus, vous serez cloués au pilori du dernier Empire.

Les élections dernières ont dit tout ce qu'il y a eu de détestable dans cette néfaste journée du 13 mars 1879.

Criminels et complices, vous serez chassés impitoyablement par le peuple.

Allez, on ne vous craint plus..., on vous méprise.

Les divergences d'opinion chez les républicains démontrent clairement ce que j'ai déjà avancé, à savoir que les attaches de l'éducation cléricale ne sont pas complètement rompues.

Aussi nous voyons la majorité des députés et des sénateurs s'évertuant à réformer la société tout en conservant les croyances théologiques.

Maintenir la Science et la foi chrétienne est œuvre souverainement contradictoire.

Prétendre faire vivre côte à côte le prêtre qui enseignera que $1 + 1 + 1 = 1$; qu'un gramme de pain est réellement le corps d'un dieu ; et l'instituteur qui enseignera que $1 + 1 + 1 = 3$; qu'un gramme de pain ne saurait être jamais qu'un gramme de pain, est œuvre de législateurs qui n'ont aucune conviction ni en morale ni en science, œuvre précaire s'il en fût, œuvre de gens qu'on dirait exclusivement préoccupés par le soin de rechercher des expédients qui leur permettent de rester au pouvoir.

Toutefois, il est indiscutable qu'il y a progrès dans ces lois ;

malgré leur imperfection, malgré leur timidité, elles apportent leur pierre à l'édifice futur.

La loi de 1850 nous ramenait insensiblement vers le moyen âge et la barbarie.

Nos législateurs ont supprimé la lettre d'obédience. La vérité qui jaillit de la Science a tant d'empire sur les esprits que nos députés et sénateurs ont mis à nu de leurs propres mains, bien involontairement peut-être, le roc inébranlable sur lequel nous allons élever nos autels au culte de l'humanité.

L'action rétrograde ne répare les ruines que pour les laisser retomber avec plus de fracas. Le dernier exemple est d'hier (1870). La royauté, s'appuyant sur un principe faux, sur une erreur, ne saurait être qu'un mensonge de stabilité.

Le gouvernement républicain s'appuie sur la Science, la Vérité.

Voilà sa supériorité, sa stabilité.

Son objectif, basé sur la Science, est toujours en avant : c'est le progrès.

Dans un tel gouvernement, le désaccord ne peut avoir lieu que sur l'opportunité des réformes.

Il est certain que toute réforme sera trop lente pour les uns, trop rapide pour les autres : cela résulte évidemment de la diversité de l'intelligence humaine. Mais qu'une réforme se fasse aujourd'hui, qu'elle se fasse demain, puisque toutes les volontés y concourent, elle aura lieu forcément : ce sera toujours une pierre ajoutée à l'édifice.

C'est un progrès. Et comme toute réforme ne doit viser que le bien général, si la masse du peuple n'est pas satisfaite de la marche du progrès, c'est à elle à nommer des modérés ou des radicaux selon son tempérament, ses aspirations, ses besoins.

On le voit, toute réforme sera lentement préméditée. Elle s'opérera donc sans violence, sans secousses, sans crises sociales, car, à chaque pierre qui menacera ruine, tous accourront immédiatement pour l'étayer ou la remplacer. Voilà sa stabilité, stabilité d'autant plus grande que les réformes seront préparées plus lentement, plus insensiblement.

Ma thèse semblerait favorable à l'opportunisme actuel. Mais qui ne sent très bien qu'elle ne vise que les sociétés à venir, qui seront franchement positivistes. Aujourd'hui, aux grands maux, les grands remèdes.

Que serions-nous si nos aïeux, en 93, avaient été opportunistes?

La royauté s'appuyant sur un principe immuable, doit rester immuable. Toutefois comme la grande loi du progrès existe fatalement, l'idée progressiste marche, grandit chaque jour. La royauté la comprime, l'étreint de sa main de fer.

Mais lorsque la puissance progressiste atteint son maximum de tension, le cataclysme social se produit: nous avons 93 en France; aujourd'hui, demain, nous l'aurons en Russie. Car le même changement d'idées qui a enfanté notre Révolution se produisant aujourd'hui en Europe, toutes les monarchies sont ébranlées; et les incompatibilités insurmontables qui croissent si rapidement de jour en jour entre les monarchies et l'esprit moderne, vont faire disparaître ces monarchies, en Russie, demain peut-être dans une révolution sanglante et impitoyable; en Allemagne, dès le lendemain de la mort de Bismarck et de Guillaume, dans la transformation des esprits, lentement préparée par la Science.

Si la Science a produit, et produit encore d'aussi grands bouleversements, d'aussi grands progrès, dans les sociétés modernes et contemporaines, son rôle est immense. Le jour n'est pas éloigné, j'en ai la conviction, où nous verrons dans toute l'Europe, son règne de paix et d'unité morale.

Par la Science, nous atteindrons le maximum du bien-être possible.

En présence de telles affirmations qui ne sont ni contestées ni contestables, il semblerait que le devoir, je dirai plus, le droit de tout gouvernement, serait de faire un savant de chaque citoyen.

Mais qui ne voit déjà l'impossibilité matérielle d'arriver à un tel résultat, ainsi que les conséquences qui s'ensuivraient.

Viser un tel but, ne serait-ce pas la plus vaine des utopies! Pouvez-vous obliger tous les membres de la société à savoir également? Où donc puisez-vous le principe de ce nivellement intellectuel?

Obligerez-vous chaque citoyen à être docteur, agrégé, ou simplement bachelier? Mais, me dira-t-on peut-être, il y a une moyenne d'instruction que tout le monde peut atteindre; c'est celle-là que nous voulons imposer: un certificat d'études, par exemple.

C'est une erreur, erreur profonde, et on voit bien que ceux qui la commettent n'ont jamais enseigné à lire, à écrire.

Vous avez le tiers des garçons illettré : vous m'accorderez bien les trois quarts parmi les filles, ce qui donne une moyenne d'illettrés, qui dépasse la moitié dans les deux sexes.

Eh bien! il faudra deux ou trois générations au moins, afin que la moitié de cette dernière moitié, possède les matières exigées pour votre certificat d'études. Sans l'obligation, cette moyenne serait atteinte dans dix ans.

Tous ceux qui ont voté l'obligation sont des opportunistes. Comment dans une question aussi grave, question qui touche aux intérêts de la Justice, de la Liberté, qui fait mouvoir tous les ressorts les plus vitaux de la société contemporaine, vous êtes les radicaux, tandis que nous, les radicaux, nous sommes les opportunistes?

L'expérience dira sous peu quels étaient ceux qui avaient la prévision, la science politiques.

L'obligation atteindra un but diamétralement opposé à celui qu'elle poursuit. Elle ne manquera pas de faire rétrograder, sinon stationner ce grand mouvement qui porte aujourd'hui les enfants vers nos écoles.

Vous allez jeter en prison le père de famille qui n'enverra pas son enfant à l'école.

Et qui nourrira la famille pendant ce temps?

Et ce n'est pas tout; l'enfant de cet homme, quatre-vingt-dix-neuf fois sur cent (car il obéira plutôt à son père qu'à la loi) refusera de venir à l'école.

Emploierez-vous chaque matin la gendarmerie pour l'y conduire?

Et vous ne craignez pas la fâcheuse impression que produira sur l'esprit des citoyens l'exemple de ces révoltes contre la loi, qui seront tout autrement nombreuses que vous ne sauriez le prévoir!

Vous avez donc complètement oublié votre maladroite campagne contre les Jésuites?

Et c'est cet élément-là que vous allez introduire dans nos écoles, au nom du progrès.

Deux de ces élèves, paresseux, indisciplinés, jetés violemment au sein d'une école, peuvent gravement compromettre la bonne tenue, les progrès de la classe entière.

Et finalement, qui triomphera dans cette lutte? la révolte.... le mépris de la loi, car vous ne sauriez condamner ce père de famille à une peine perpétuelle.

Ne sera-ce pas là un résultat déplorable, qui pourrait propager au sein de la société l'esprit d'indiscipline d'une façon très grave?

Et tout cela, pour atteindre l'absolu, l'idéal, chimères irréalisables, tout le monde en conviendra.

La loi ne doit viser que le bien général. Or, vous ne sauriez avoir qu'un seul principe qui pût motiver l'obligation.

Il faudrait prouver que tout individu qui sait lire et écrire n'est ni voleur ni assassin; que la Science moralise d'une façon absolue.

Or, ceci est loin d'être établi par les statistiques criminelles.

Il faudrait établir aussi que tout citoyen illettré est non seulement inutile, mais nuisible à la société, ce qui est loin d'être prouvé.

Dans un gouvernement démocratique, me dira-t-on encore, où le suffrage universel est la base de l'édifice social, tout citoyen doit savoir écrire lui-même son bulletin, afin que le vote soit libre, indépendant, d'où sincère. Argument bien peu sérieux, car qui ne sait aussi bien que moi que, sur dix électeurs qui savent écrire, il y en a là moitié qui, aujourd'hui, votent sous la pression des intrigants?

Si vous croyez, vous Gouvernement, qu'un certain degré d'instruction soit un bien dans le milieu social où nous vivons (et je partage vos convictions à ce sujet), vous avez le devoir de diriger les enfants vers l'école, mais je vous refuse le droit de les y envoyer par force; car ce droit ne pourrait découler que du principe mentionné plus haut.

J'admets, pour un instant, que vous arriviez à l'absolu que vous poursuivez : chacun aura son certificat d'études.

Il y a, depuis quelques années, en France, parmi les paysans aisés, une sérieuse tendance à abandonner le travail des champs.

J'ai deux anciens camarades, j'en conviens, mais deux seulement, qui s'occupent d'agriculture.

A côté, je compte par centaines les fils d'agriculteurs qui courent dans les villes :

> Plutus est dans Paris : c'est de là qu'il appelle
> Les voisins de l'Adour et du Rhône et du Var.
> Tous y vont à genoux environner son char.
> Un, deux montent dessus ; des milliers dans la boue
> Baisent en soupirant les rayons de sa roue.

Est-ce votre idéal en sociologie ?

Les résultats que vous visez par l'obligation auraient pour conséquence inévitable un redoublement dans la fâcheuse tendance signalée plus haut.

Et lorsque chacun aura son certificat d'étude, vous arrêterez-vous là dans le progrès ? Non, certainement. La logique est inexorable. Il faudra décréter obligatoire un baccalauréat quelconque.

Oh ! la Science est une bien belle chose, Messieurs les Opportunistes ! Je ne dirai pas que vous n'êtes pas dignes (mon expression serait un peu risquée peut-être), mais bien certainement vous n'êtes pas aptes à réformer la société sur les bases scientifiques.

Vous voulez faire vivre l'instituteur côte à côte avec le prêtre ; vous maintenez le budget des cultes. Vous agissez comme un architecte qui, tout en activant les travaux d'une maison, paierait des ouvriers pour démolir au fur et à mesure de la construction.

Tous vos projets de réforme démontrent clairement ce que j'ai avancé : votre éducation positive n'est pas complète. Vous n'avez pas dépouillé l'enfance ; vous n'avez pas rejeté bien loin derrière vous l'enveloppe de la larve cléricale dont on enserra votre jeune intelligence.

Aussi toutes vos œuvres ne sauraient revêtir qu'un caractère provisoire : elles sont frappées d'une caducité originelle.

Tout sera à refaire d'ici à peu de temps.

Les extrêmes sont faux : vouloir tous les citoyens bacheliers ou tous les citoyens ignorants, est tout aussi faux l'un que l'autre.

Il y a une moyenne relative qui est grandement au-dessus de vos mesquines conceptions; elle naît de la loi des milieux. Elle saura parfaitement trouver l'équilibre social.

C'est notre unique idéal, à nous positivistes.

Et comme il est vrai.... il sera.

Je dis, en dernier lieu, que la gratuité détruira l'émulation, que le niveau du progrès des élèves va diminuer d'une façon très sensible.

Ceux qui ont fait la loi ne connaissent guère la nature humaine. La dernière loi sur le classement des instituteurs y a porté une grave atteinte. Vous allez combler la mesure.

On disait à un instituteur : Votre collègue de X... vous prend tous vos élèves ; il va faire le vide dans votre école.

Je m'en f... répondit-il, il ne touchera pas à mon mandat de fin du mois.

Ce je m'en f..., Messieurs les Opportunistes, est tout autrement sérieux que vous ne sauriez le croire. Quelques instituteurs feront consciencieusement encore leur devoir ; mais ils seront bien rares. La rétribution scolaire est le seul stimulant. Il faudra forcément y revenir.

Vous établissez la gratuité d'une façon absolue. Ici encore vous êtes les radicaux. Vous dites : tous les citoyens ont intérêt à ce que chacun soit instruit (ce qui n'est nullement démontré) ; donc tous doivent payer les frais de l'instruction.

J'ai deux garçons au collège et une fille en pension : je dépense 3,000 fr. par an. Je le demande au nom de la justice la plus élémentaire : que dois-je à la société, en fait d'instruction ? est-ce que je ne remplis pas et au delà, les prescriptions du devoir ? et ici je ne m'appuie pas sur une simple exception. Les élèves des lycées, collèges, pensionnats constituent un nombre imposant.

En vertu de votre principe, les communards viendront vous dire : chaque citoyen a le droit de manger et de boire, droit plus incontestable que celui de savoir lire et écrire, car notre droit est absolu, l'autre n'est que relatif. Eh bien ! il nous faut une loi obligeant les riches à nous donner de l'argent pour avoir une moyenne dans la nourriture commune.

Je ne vois pas trop ce que vous pourriez leur répondre.

On me reprochera peut-être, au sujet de la gratuité absolue

et de l'obligation, de me trouver en communion d'idées avec M. Freppel et autres. Singulier reproche, il faut en convenir.

Ainsi donc parce qu'il conviendra à un Dugué quelconque de crier : vive la République sous le patronage du journal la *République française*; à un Robert Mittchel de venir nous dire qu'il est l'intime ami de M. Gambetta, il faudrait que je déserte le drapeau de la République.

Je suis certes bien assez honteux de me trouver en si triste compagnie ; mais enfin, parce que j'aurai vu une pièce de vingt francs entre les mains d'un voleur, dois-je m'interdire l'usage de cette monnaie ?

II

L'antique édifice des primitives croyances craque de toutes parts, et quelques audacieux opposeront inutilement leur égoisme et leur mauvaise foi à sa chute imminente.

L'infaillibilité politique et l'infaillibilité religieuse ne sont que de grands mots derrière lesquels s'abritent encore, il est vrai, de bien vilaines choses ; mais le bon sens des peuples commence à les proscrire. Leur agonie a sonné. Elle semble vouloir être longue et cruelle, car leur existence fut longue et vigoureuse.

Dans leurs dernières convulsions, leurs griffes impures dévoreront encore bon nombre de victimes (Auguste Comte sera-t-il la dernière) ; mais leurs vengeances mêmes dévoileront à l'homme étonné et leur cruauté et leur impuissance.

Comment parviendra-t-on à vulgariser la Science, à émanciper l'intelligence humaine.... à l'arracher à la tutelle éhontée et décrépite des institutions politiques et religieuses.

En prenant pour base de toute Science l'étude de l'astronomie.

Jusqu'à présent, les éducateurs des peuples ont complètement fait fausse route. Aussi depuis l'origine des sociétés, l'homme vit-il dans l'état le plus antipathique à son bien-être.

Le but principal de la vie, le but unique, en principe religieux bien entendu, est la façon dont il vivra après sa mort. Les affaires de ce monde ne sont pas seulement reléguées au second plan, ne sont pas tout simplement secondaires : elles ne doivent compter pour rien.

« Que me servira d'avoir gagné tous les biens de ce monde, si je ne sauve pas mon âme. »

Comme conséquence de ce principe nous avons les monastères, les couvents, les congrégations religieuses, les prêtres.

Que de forces réelles perdues pour le bien de la société !

Il faut rompre résolument avec cet état de choses dangereux, nuisible au suprême degré.

L'ancienne société disparaît: ses sinistres défenseurs, ardents à la curée, poussent leurs hideux rugissements. Voyant leur antique proie leur échapper, ils accumulent toutes les ressources de la haine et de la vengeance. Nous savons leurs hauts faits. Les proscriptions religieuses et politiques modernes et contemporaines, nous sont un utile enseignement.

En France nous n'avons plus à craindre ni bûchers, ni dragonnades, ni terreur blanche, ni deux-décembre. Nous pouvons hardiment affirmer que leurs dernières espérances ont sombré au 16 mai 1877.

Leur règne est passé.... à l'œuvre donc.

J'ai dit que le savoir humain devait avoir pour base l'enseignement de l'astronomie.

En effet nos connaissances ne sont que ce que nous les faisons; c'est indiscutable. Un enfant ne sait que ce qu'on lui enseigne. Nulle Science infuse n'existe.

Toutefois, je ne conteste pas l'influence d'un certain atavisme moral, intellectuel, sur notre éducation, notre instruction. Mais je dis qu'un enfant, remis dès le berceau à une famille d'orangs, ne saura à bien peu de choses près, à vingt ans, que ce que sauront les enfants de ces mêmes orangs.

Nos connaissances sont. donc limitées au milieu dans lesquels elles naissent, se forment et se développent.

Aussi l'homme qui croit à la terre plate, finie à l'horizon, à un ciel matériel fixé à quelques lieues au-dessus de sa tête, à un soleil tournant autour de nous, admet facilement un dieu lui jetant des pierres du haut du ciel, lui versant de l'eau sur la tête.

Il croit que Josué a arrêté ce même soleil dans sa marche.

Un certain baron de Feneste admettait bien que si on ne voyait pas le soleil retourner à son point de départ du matin, c'était tout bonnement parce qu'il opérait son retour pendant la nuit.

Ignorant les lois des formes, des êtres, l'homme admet que son corps durera éternellement, malgré la décomposition qui journellement s'opère sous ses yeux.

Si donc nous ne faisons pas franchir à l'intelligence humaine les limites de notre planète, nous n'arriverons qu'à des connaissances limitées.

Si l'homme ignore l'univers, comment pourra-t-il savoir, comprendre sa place, son importance, sa destinée dans ce même univers.

L'étude de l'astronomie est donc la base de toute éducation morale et de toute étude scientifique.

L'éducation morale ne comporte qu'un seul degré, l'homme moral doit être un dans toutes les classes de la société. Là se trouve l'égalité d'une façon absolue.

On disait un jour à un théologien catholique: vous ne croyez point en Dieu? Non certainement, répondit-il, mais il est bon que ma cuisinière et mon domestique y croient afin qu'ils ne me volent pas.

Eh! bien? mon idéal à moi, c'est l'égalité morale des hommes.

Tous doivent puiser, dès leur jeune âge, les mêmes principes d'honnêteté, de sociabilité, aux mêmes écoles.

C'est une question de vie ou de mort pour les sociétés futures qui, sans unité morale, ne sauront que végéter, révolutionner si elles ne disparaissent totalement.

Quant à l'instruction, l'inégalité est absolue, aussi absolue que l'égalité en morale. L'intelligence est loin d'être une chez tous les hommes, ainsi que chez le même homme. On m'accordera bien que l'intelligence du Littré se faisant baptiser à quatre-vingts ans, n'est pas la même que celle du Littré, collaborateur au *National* en 1849.

Les positions sociales sont aussi fatalement inégales. Il faut donc nécessairement admettre plusieurs degrés dans l'enseignement.

Faut-il multiplier ces degrés comme sembleraient l'indiquer et les inégalités d'intelligence et les inégalités de position sociale?

A mon avis, non, car ce serait consacrer des inégalités dont on doit s'efforcer d'atténuer les fâcheuses conséquences autant que possible.

On pourrait partager l'instruction populaire en deux divisions, avec un programme distinct pour chaque division, mais tout simplement avec un programme plus développé pour la seconde.

Je ne parle pas ici, on le comprend, des écoles spéciales, ayant chacune un programme distinct.

Je ne m'occupe que de l'enseignement populaire, c'est-à-dire du plus grand nombre.

Je vais exposer, avec la brièveté que comporte une brochure, le programme de ces deux divisions.

La première question qui se pose au sujet de l'enseignement populaire, la question capitale est celle-ci :

Cet enseignement doit-il être laissé à l'initiative individuelle de la famille, ou doit-il être donné sous la direction, sous le contrôle du Gouvernement?

Raisonnons un peu.

Si chaque père de famille a le droit de donner à ses enfants l'éducation morale, cette éducation sera presque aussi variée, aussi multiple dans ses principes qu'il y aura d'intérêts personnels en jeu, qu'il y aura pour ainsi dire de familles.

Chaque père éduquera ses enfants comme il l'entendra. Nous aurons des citoyens aux aspirations les plus diverses ; et lorsque ces citoyens seront appelés à discuter sur la direction à donner à la chose publique, ils ne sauront s'entendre, n'étant nullement en communion d'idées.

D'où anarchie qui se traduira forcément par des actes.

Ce point de vue est très important à considérer, aujourd'hui surtout où en Europe l'anarchie est patente, manifeste, dans le domaine moral de la société, parce que l'antique direction morale a perdu tout son prestige.

Cette décadence de l'autorité théologique est indiscutable, et, en dehors des débordements inouïs du prêtre, on en trouve les causes dans les progrès de la Science.

Je sais bien que l'on me dira : le père n'est donc pas libre même dans sa famille, même dans ses enfants?

La réponse est bien facile.

Je ne conteste nullement les droits du père, dans sa famille, sur ses enfants. Mais les enfants ne vivront pas toujours sous l'égide de la famille et ne seront pas toujours confinés dans les rapports de fils à père. Ces enfants sont destinés à vivre dans la société. Et je dis plus, la vie de famille ne doit être qu'un apprentissage de la vie publique. Les droits du père sont donc limités aux relations de père à fils.

Quant aux relations de père à citoyen, en vertu de quel principe le père prétendrait-il se substituer à l'Etat?

Il ne reste donc plus qu'à examiner si les intérêts de la société, dans leur ensemble, n'ont pas une toute autre importance que ceux d'un père quelconque.

Or, qui oserait soutenir que l'on puisse hésiter un seul instant à sacrifier, au bien de la majorité, quelques préférences personnelles, aussi respectables qu'elles puissent être.

Il est, d'une façon absolue, de l'essence de toute société, que tous les efforts des membres de cette société doivent concourir au bien-être général.

Tout citoyen qui ne se conforme pas à ce principe est un membre non seulement inutile, mais nuisible, dangereux. Il est du devoir du Gouvernement, non de le frapper d'ostracisme, ce dont on ne pourrait cependant avoir le droit de se plaindre (ce serait faire appel à la violence, principe que je n'admettrai jamais, parce qu'il n'est ni juste ni sûr), mais de lui tracer, par des lois et règlements, un certain milieu au sein duquel son action ne puisse être perturbatrice de l'ordre public.

Il est donc indiscutable que le Gouvernement, quelle que soit d'ailleurs sa forme, doit seul diriger et contrôler l'éducation des citoyens, en tant que membres futurs de la société.

Or, on ne saurait séparer l'instruction de l'éducation.

Quel sera l'enseignement officiel? C'est ce qui me reste à exposer.

III

J'ai dit que deux divisions suffisent pour l'enseignement du peuple. Jusqu'à six ou sept ans, les enfants vont dans des écoles préparatoires ou restent dans leurs familles. On leur enseigne les éléments de la lecture, de l'écriture et le calcul mental.

A sept ou huit ans, ils sont admis à l'école, après examen, et forment la première division, qui comprend filles et garçons, car je ne m'expliquerai pas pourquoi les filles seraient déshéritées de l'éducation nationale et de l'instruction, et je m'expliquerai encore moins pourquoi elles seraient séparées des garçons.

La séparation des garçons et des filles dans les écoles est encore une de ces mesures hypocrites, inventées par le prêtre, pour en imposer aux masses.

Voyez, diront quelques bigotes, combien les prêtres prennent soin de la chasteté de nos filles ; ils ne veulent même pas qu'à l'école elles se trouvent ensemble avec les garçons.

Cette réclame fera son chemin. Nous aurons, dès 1850, un grand nombre d'écoles spéciales aux filles.

Or, le gouvernement n'avait pas, à ce moment-là, un personnel d'institutrices suffisant : le prêtre le savait très bien.

La lettre d'obédience est là, sous la main. On a prévu la difficulté, et plus encore, selon moi, on l'a soulevée pour avoir l'occasion de la lever.

Et comme Bonaparte, pour le 2 Décembre, avait besoin du clergé, il laisse faire.

Il faut bien le reconnaître aujourd'hui, quelques articles de la loi de 1850, sur l'enseignement primaire ; ou plutôt la loi du 15 mars tout entière, constituaient les arrhes données par l'Empire, au prêtre, en vue de son concours pour le 2 Décembre.

Or, nous savons ce que valait une lettre d'obédience. Une pauvre fillette était violée par le prêtre. On lui enseignait tant bien que mal à lire, écrire, compter, et Son Eminence le Cardinal ou tout autre saint prélat, déclarait, ouï le confesseur de la fillette, que Mlle X... était apte à diriger une école.

Et à ces pauvres victimes de la luxure du prêtre était confiée la sublime mission de former les futures épouses, les futures mères de famille !

Et on s'étonne ensuite de la profonde décadence morale où nous étions tombés sous l'Empire !

Et voyez comme on sent bien, en tout ceci, une action unique, un plan général qui se poursuit avec opiniâtreté.

L'article 18 de l'ordonnance royale du 23 juin 1836, dit « Les examens pour les institutrices auront lieu publiquement. » Cette ordonnance était un certain garant contre la partialité des examinateurs.

La loi de 1850, article 49, la supprime.

Ainsi, d'un côté, la lettre d'obédience, de l'autre le huis-clos pour les examens. On le voit, l'institutrice sera forcément sous la main du prêtre. Pourvu qu'elle sache le catéchisme, l'histoire sainte, elle sera reçue. Une circulaire du 26 janvier 1856 porte : « Les institutrices devront avoir une instruction religieuse *approfondie*.

On n'ose pas heurter de front l'opinion publique, supprimer l'institutrice laïque, mais on se la choisira.

Aussi, la fille du peuple aujourd'hui, en dehors du chapelet, ne sait absolument rien.

Je l'ai déjà dit : le prêtre célibataire et représentant du pape veut la femme : 1° pour assouvir sa luxure; 2° pour arriver par elle à dominer le mari. Ainsi, voyez avec quel soin on choisit physiquement le prêtre. Feuilletez les canons de l'Église à ce sujet. Pourquoi ce choix, si ce n'est pour séduire la femme par la luxure? Quant aux qualités morales, on n'en a cure. Au séminaire, les professeurs se chargeront de rendre les candidats aussi hideux moralement que peut le faire l'enseignement jésuitique.

Si la lettre d'obédience avait été instituée pour obvier à la pénurie de professeurs, pourquoi ne pas l'accorder aux congréganistes que votre loi de 1850 soumet au droit commun? Pourquoi les filles laïques n'auraient-elles pas eu une lettre d'obédience délivrée par l'inspecteur d'Académie ?

Si le sujet que je traite n'était pas aussi sérieux, je me permettrai de rapporter quelques paroles échappées à un jeune prêtre et qui disait, de la façon la plus énergique, une bien grossière et en même temps une bien grosse vérité.

Mais je ne vois pas pourquoi j'userai de ménagements vis-à-vis d'une caste de citoyens qui fait tant de mal à la société.

Au sortir de table (on célébrait l'adoration perpétuelle), M. Bert, curé de Saint-Hilaire-de-la-Noaille, près La Réole, disait à ses confrères, tout aussi gais que lui : « Voyez comme la sainte Église, dans sa sagesse, a bien agi. Sans le choix de ses prêtres, l'espèce humaine dégénérerait à vue d'œil. »

Ainsi donc, d'après le propre aveu de ces satyres religieux, l'Église ne les choisit sains de corps que pour en faire des étalons humains. N'est-ce pas d'un cynisme révoltant ? Comme on les reconnaît bien là ces dignes élèves de Liguori. Ce même curé Bert sait tout le *Décaméron* par cœur ; aussi ce prêtre est l'enfant gâté de l'officialité de Bordeaux.

En présence de cette situation, que doit faire un gouvernement républicain ? Arracher la fille du peuple au prêtre.

Le mal est immense, paralysant les efforts de tout progrès.

Et c'est ici qu'il faut appliquer résolument l'adage vulgaire : « Aux grands maux, les grands remèdes. »

Arrachons l'éducation des filles à toute religieuse. Ici je ne saurai trop le répéter, il faut être absolu, radical.

Nous ne voulons pas, nous laïques, le confessionnal : nos leçons sont publiques ; les pères et les mères savent très bien notre programme. Nous n'attirons pas les jeunes filles dans quelque coin obscur d'un lieu retiré, pour leur inculquer à l'oreille, nos leçons, un Liguori en main.

Nous leur donnons la même instruction qu'aux garçons, en plein jour. Nous leur parlons de leur devoir, en présence de ces mêmes garçons avec lesquels elles passeront toute leur vie, nuit et jour, il ne faut pas oublier ce point capital.

A vingt ans, filles et garçons seront en communion d'idées, et nous verrons, sous peu, diminuer les déplorables désordres de la famille dont les neuf dixièmes proviennent de ce que la femme adore ce que le mari méprise.

Il faut avouer que c'est une singulière façon de préparer à la vie commune les enfants des deux sexes que de les séparer pour ainsi dire dès le berceau.

Est-ce que les frères et sœurs sont séparés dans la famille ? quel mal en résulte-t-il ? Comment, on trouverait mauvais, inconvenant que garçons et filles, dans une même salle, reçoivent en commun les mêmes leçons, en plein jour ? Et ces mêmes enfants reçoivent en commun les leçons du catéchisme dans les églises ! et ils vont aux instructions religieuses, le soir, à la nuit close, seuls ! et ils viennent chaque jour à l'école, pêle-mêle, en toute liberté, à travers les champs et les bois !

Au point de vue financier, cette mesure a une importance

majeure ; car qui ne voit très bien la grande économie qui résulterait d'un local unique, dans les campagnes surtout.

Ainsi donc, je dis que garçons et filles doivent recevoir en commun l'éducation et l'instruction.

Je ne veux pas faire combattre les filles nues, dans le gymnase, mais je ne veux pas que la loi les séquestre d'avec les garçons.

Je ne cesserai de le répéter, les extrêmes sont faux.

J'ai dit que jusqu'à sept ou huit ans, les enfants apprendraient à lire, écrire et calculer mentalement, dans les écoles préparatoires ou dans leur famille ; puis ils sont reçus à l'école, après examen, et forment la première division.

Pendant les deux premières années, on perfectionne la lecture, l'écriture, on leur enseigne les quatre opérations, le système métrique, la grammaire (un peu de style, une ou deux fois par semaine), la géographie complète de la surface de la terre, sans surcharger la mémoire de noms peu importants.

Voilà le programme de la première division pour les enfants, bien peu nombreux, qui ne pourraient fréquenter l'école que jusqu'à onze ou douze ans.

Pendant les trois années qui suivront, on approfondira le programme des deux premières années, et on le complétera par les matières qui sont généralement enseignées aujourd'hui.

Puis dès la troisième année, on commencera un cours complet d'astronomie. Il est certain que vous ne ferez pas des astronomes, mais vous donnerez à l'enfant des jalons sérieux pour les études ultérieures qu'il sera appelé à faire, soit seul, dans l'apprentissage d'un métier et de la vie en même temps, soit dans les écoles spéciales, pour les plus favorisés.

Les jeunes astronomes sont nombreux en France. Composez Messieurs, des ouvrages populaires sur l'astronomie dans le sens du positivisme. Débarrassez-vous de votre éducation théologique. Rompez résolument avec l'Erreur. Laissez Jésus-Christ et son père dans leurs temples ; ils n'ont rien à voir dans les lois de l'univers. Pas un de vous n'admet que le Christ, appela-t-il tous ses saints à la rescousse, puisse changer, pour un seul instant, la marche d'une planète.

Méditez la parole de l'un de vos premiers maîtres en astronomie : dieu, disait Laplace à Napoléon 1er, est une hypothèse, dont je n'ai nul besoin.

C'est dans ce cours d'astronomie que commenceront et que résideront les grandes difficultés.

Faire connaître à l'enfant les mouvements de rotation et de translation de notre planète, sa forme sphérique, son peu d'importance dans le système de l'univers, la position, les divers mouvements des planètes dans le système solaire, la position, les mouvements du soleil dans une nébuleuse ; les nébuleuses, telle est la base de l'enseignement scientifique.

Le haut, le bas sont faux en astronomie : ces mots ne signifient absolument rien. Lorsque vous dites que le ciel est en haut, vous consacrez une erreur.

Défaites-vous, jeunes astronomes, du langage théologique, langage de l'Erreur. Lorsque vous écrirez, comprenez parfaitement ce que vous dites, si vous voulez que les autres vous comprennent.

Lorsque vous serez en face d'une difficulté, insoluble peut-être pour l'intelligence humaine, avouez-le franchement, reconnaissez votre ignorance.

Et vous, futurs législateurs de la Science, répondez hardiment à l'immense défi jeté par l'Erreur en tête de la loi de 1850, et inscrivez tout simplement dans la loi nouvelle :

Article premier. — L'enseignement de l'astronomie est obligatoire.

IV

D'après ce qui précède, on voit très bien les obstacles qui, forcément, retarderont la marche des réformes.

Vous n'avez pas d'instituteurs capables, et, surtout, vous n'avez pas d'éducateurs.

L'instituteur actuel fait son métier pour de l'argent. Avec le personnel d'aujourd'hui vous n'obtiendrez pas autre chose.

Non seulement vous n'avez pas un personnel apte à réformer la société, mais vous ne faites absolument rien pour former ce personnel qui vous manque.

J'ai sous les yeux le programme des études pour les Écoles normales.

Il est d'hier.

Ceux qui l'ont rédigé ne se sont pas ouvertement érigés en inquisiteurs, mais il y est dit en toutes lettres :

« Le vœu des pères de famille sera toujours consulté en ce qui concerne l'enseignement religieux. »

Ainsi donc on demandera à la mère d'un élève-maître : « Madame, voulez-vous que votre fils aille à confesse ? — Mais oui, Monsieur. »

Et ce grand garçon de seize à dix-huit ans ira à confesse de par les ordres de sa mère... Vous aurez un hypocrite de plus.

Ah ! nous savons bien ce que sera cette liberté avec vos directeurs actuels d'École normale.

Tout élève qui ne remplira pas ses devoirs religieux sera un des plus mal notés.

Je ne sais s'il y a encore des prêtres directeurs d'Écoles normales ou inspecteurs d'Académie : osera-t-on m'affirmer l'impartialité de tels chefs en matière de religion ?

J'ai déjà dit que l'étude de l'astronomie est la base de toute science. Or, dans le programme qui vient de paraître, il n'est nullement question d'astronomie.

Ainsi, voilà les futurs instituteurs d'une des premières nations de l'Europe, qui ne sauront pas si notre terre est ronde ou plate, si elle tourne autour du soleil ou si le soleil tourne autour d'elle; qui ne sauront pas ce que c'est qu'une planète, qu'un satellite, un système solaire, une comète, une nébuleuse.

Et si le curé ou tout autre imbécile affirme sur la place publique que la comète d'hier est un messager divin annonçant une grande guerre, le retour d'Henri V, ou la fin de la République, l'instituteur ne saura rien répondre au nom de la Science!

Vous avez fait comme le singe de Florian : votre programme est bon, mais vous avez oublié d'allumer la lanterne.

L'avenir de la France, celui de toute nation civilisée est entre les mains de l'instituteur. Les peuples seront ce que nous les ferons, nous instituteurs. Le prêtre le sait très bien. Notre mission est non seulement la plus belle, mais la majeure, la capitale.

Elle est aussi rudement pénible, aujourd'hui surtout, car l'éducation de la famille est détestable,

Vos instituteurs actuels enseigneront parfaitement aux enfants les matières de votre programme. Mais ils ne sauront faire des citoyens honnêtes, dans le sens scientifique ; ils ne feront que des hypocrites.

Lorsque je pose ce dilemme :

Ou vous croyez,

Ou vous ne croyez pas,

Et que j'en déduis les conséquence inéluctables, je ne suis point un hardi novateur lançant d'audacieuses affirmations. J'étudie tout simplement autour de moi, je constate des faits indiscutables.

Si vous croyez, livrez-vous au prêtre.

Si vous ne croyez pas, rompez avec lui.

Arrière cette promiscuité morale si audacieusement préconisée par les uns, si habilement exploitée par les autres.

Vous croyez que Jésus-Chrit est Dieu ; que l'hostie consacrée est réellement un Dieu ; que le prêtre a le pouvoir de vous envoyer en paradis pour l'éternité, etc, etc.

Allez à confesse, communiez, livrez-vous au prêtre, vous, vos femmes et vos filles : très-bien. Je ne vous conteste pas votre liberté à ce sujet, et je ne me permettrai même pas de dire publiquement que votre conduite est ridicule.

Mais si vous ne croyez pas au dogme chrétien ; si dans le prêtre vous ne voyez qu'un hypocrite, qu'un imposteur impudent qui, pour de l'argent comptant, vous débite en public une doctrine dont il se moque en secret ; si l'on peut parfaitement dire aujourd'hui, pas d'argent, pas de prêtre, rompez résolument, radicalement. Arrachez vos enfants aux prêtres.

Admettriez-vous la doctrine de ce théologien, qui ne croyant pas en Dieu, trouve bon que son domestique et sa servante y croient pour qu'ils ne le volent pas !

Nous voulons chasser Dieu de l'école, nous dit-on.

MM. Freppel, Broglie, Lucien Brun, voire même Jules Simon, ce jésuite à robe courte si dangereux, vous mentez effrontément et vous ne savez même pas ce que vous dites.

Voudriez-vous bien nous expliquer comment je pourrai m'y prendre, moi, instituteur, pour chasser de mon école, un dieu qui est partout. Je serai curieux que vous me démontriez par quelle ouverture je parviendrai, même avec la meilleure volonté du monde, avec la mienne par exemple, à faire sortir votre dieu.

Et d'abord votre dieu est tout-puissant, tout autrement puissant que moi. Donc, s'il sort, c'est qu'il le voudra bien. Et pourquoi voudriez-vous qu'il reste, vous réactionnaires, s'il lui plaît, à lui, de s'en aller?

Car enfin, je le répète, s'il veut rester, ce n'est pas moi qui le ferai sortir. On a fait grand bruit autour de quelques crucifix enlevés des écoles de Paris; on eût vraiment dit qu'on vous arrachait votre porte-monnaie. Cela me permet de rappeler, à la honte de nos législateurs et de nos administrateurs, que tandis que vierges, christ, empereur et impératrice emplissaient nos écoles, on n'a jamais essayé d'y introduire un seul buste, un seul portrait des bienfaiteurs de l'humanité, savants inventeurs, découvreurs.

Ce que vous voulez? je vais vous le dire. Vous voulez que l'instituteur soit, comme par le passé, votre complice dans votre œuvre de démoralisation, d'abrutissement, parce que vous savez trèsbien que le jour où la Science entrera dans l'école par la grande porte, votre Dieu ou l'Erreur sautera par les fenêtres.

Vous voulez compromettre l'instituteur, ce puissant levier que la Science emploiera sous peu, pour saper vos séculaires constructions.

Vous voulez (oh! pas grand; chose), vous voulez que nous fassions réciter le catéchisme, marmoter quelques prières. Vous voulez également que nous fassions réciter l'histoire sainte à nos filles!

(Vous ne voudriez pas je pense, m'obliger à vous prouver, textes en main, que les pornographes du jour sont de vrais saints en présence de vos obscènes écrivains sacrés.)

Nous vous aiderions ainsi à entretenir le peuple (et notre aide vous serait un grand appui moral) dans les pratiques extérieures de votre culte, pratiques qui vous permettent de vivre dans une honteuse oisiveté au milieu de populations qui, nuit et jour, travaillent pour vivre, avec une fiévreuse ardeur.

Vous avez conscience de votre situation: vos dieux s'en vont. Les efforts désespérés, haineux de vos créatures au Sénat, le prouvent. Vous savez très bien que le jour où l'instituteur, cet apôtre de la Science, méprisera ouvertement vos rits, dans les campagnes, vous pourrez, comme le prêtre de l'ancienne Rome, vous écrier:

Dieux immortels, on dépose des ordures à la porte de vos temples; adieu, je vais chercher fortune ailleurs.

La tolérance, fut votre sentence de mort; la contradiction sera l'exécutrice de cette sentence.

Et que nos futurs législateurs se pénétrent bien de cette vérité: la Science et dieu ne coëxisteront jamais dans l'école.

Les déclassés

La plus urgente réforme à opérer est celle qui concerne les déclassés.

C'est bien certainement une des plus graves, et il importe de la résoudre à bref délai, car c'est tout à la fois une question de sécurité publique et en même temps de moralité, d'humanité.

Les législateurs qui ont rédigé notre Code semblent n'avoir eu qu'un but : frapper le coupable

Hommes de réaction à l'intelligence bornée, ils n'ont pu comprendre que l'essence de la loi est d'être préventive. La répression ne doit être qu'une pénible nécessité. Elle est en grande partie la conséquence de quinze siècles de monarchie et de religion.

Je ne dis pas qu'un gouvernement républicain, même tel que je le conçois, rende tous les citoyens parfaits ; mais avec la morale scientifique, les crimes et délits diminueront dans une large mesure.

Les lois mauvaises entraînent forcément un redoublement de répression.

Parfois la loi est si absurde, si inique, que la sanction est impossible, et la loi devient caduque.

Exemple : en 1825, Charles X (ce nom rappelle le cynisme du

dévergondage), par la grâce de dieu, roi de France et de Navarre, propose, en plein dix-neuvième siècle, une loi sur le sacrilège : la Chambre des pairs et celle des députés l'adoptent.

Ainsi voilà un roi qui, appuyé par la noblesse et la bourgeoisie de France, promulgue une loi qui punit de la mort des parricides quiconque touchera à un fétiche chrétien.

Non seulement cette loi ne put être appliquée, mais cinq ans après, elle était abrogée.

Le peuple, d'un signe, la fit disparaître.

Cette leçon d'histoire contemporaine doit être d'un utile enseignement.

Nous ne saurions, il faut bien le reconnaître, décliner l'héritage de nos pères, d'une façon radicale. Pour cela faire, il faudrait être un peuple de savants. Mais nous pouvons, nous devons marcher en avant à grands pas, nous basant sur ceci, à savoir que la foi en la royauté et en la religion, est une lettre morte chez le peuple français.

Ainsi le Conseil supérieur de l'Instruction publique donne aux écoles primaires de France, un congé le lendemain de la Pentecôte : pourquoi ?

En mémoire de la descente du Saint-Esprit sur les apôtres !

Eh bien ! messieurs, venez dans nos campagnes; le prêtre lui-même ne célèbre pas cette fête, et tous nos paysans sont occupés aux travaux des champs.

Pourquoi donc êtes-vous plus rigides observateurs des rits de l'Eglise que le prêtre lui-même ! et pourquoi ne donnez vous pas un jour de congé, à l'occasion de la fête du 14 Juillet !

Partant de ces données indiscutables pour tout homme de bonne foi, nous pouvons poser le principe que toute loi doit viser le bien général de la société, tout en ménageant, autant que faire se pourra, l'intérêt particulier.

Nous avons constaté le désaccord entre les républicains. Nous avons dit que pour résoudre les difficultés qui pourront surgir de ce désaccord, il faut entrer résolument dans une étude approfondie des faits.

Cette étude seule peut nous donner la solution cherchée.

Essayons cette étude au sujet des déclassés.

Je désigne par la qualification de déclassés, tout individu qui n'a ni feu ni lieu, ou qui, ayant subi une peine infamante, est replacé brutalement dans la société.

J'ai lu, je ne me rappelle trop dans quelle statistique, qu'il y avait à Paris, plus de 80 mille individus, qui, en se levant le matin, ne savent pas où ils dîneront le soir.

On m'accordera bien que les neuf dixièmes des assassins et des voleurs de Paris, se recrutent parmi ces déclassés.

Il en est de même pour tous les grands centres de population.

Il faut qu'une loi rejette, hors de France, cette plèbe dangereuse et improductive : c'est celle qui a fait le 18 mars.

Voilà la théorie.

Quant à la pratique, nous sommes le peuple le mieux favorisé. Nous avons en Algérie, des territoires militaires très fertiles, qui peuvent recevoir trois ou quatre cent mille colons.

La société ne saurait subir aucun dommage par l'éloignement de tous ces déclassés, qui ne fournissent qu'un travail insignifiant.

Et il en résulterait un bien immense pour la morale et pour la sécurité publiques.

La loi contre les récidivistes, qui a été déposée le 1er décembre dernier, aura une grande influence sur la criminalité actuelle.

Elle sera votée, je me plais à le croire, à une immense majorité.

Si nous ne voulons voir la société sombrer dans un cataclysme moral, lequel entraînera nécessairement après lui le cataclysme social, deux actions doivent concourir simultanément à faire disparaître ces déclassés, dont le nombre, dans nos campagnes elles-mêmes, commence à prendre un développement effrayant.

Une action préventive, le travail ; et un esprit draconien dans la répression.

Le grand problème économique, l'organisation du travail ne sera résolu qu'indirectement, et cela par l'instruction et l'éducatist scientifiques.

Ce ne sont pas les quelques fainéants qui pérorent à tort et à travers dans les clubs, qui feront faire un seul pas en avant à cette importante question.

Il s'agit de refondre la société, de faire disparaître, jusqu'aux derniers vestiges, quinze siècles d'ignorance et de démoralisation.

Il faut hardiment proclamer ouverte l'ère de la Science et de la

morale au point de vue de l'espèce humaine tout entière, en théorie, et en théorie pratique au point de vue des races de l'Europe,
et de leur grand chaînon détaché en Amérique.

Il y a aussi d'autres déclassés, d'autant plus intéressants qu'ils
sont plus faibles.

Chaque jour les infanticides se multiplient d'une façon incroyable : qu'est-ce que cela, sinon la révolte du faible contre le des-
potisme.

Protégez la fille du peuple, et tout rentrera dans l'ordre. Et
c'est ici que l'action préventive doit se produire de la façon la
plus large, la plus affectueuse.

Il n'appartenait qu'au Christianisme de déclasser la femme.

Le Christ est venu sauver les hommes. Et ici je ne joue pas
sur les mots, qu'on veuille bien le croire.

Dans les premiers siècles, après le Christ, nous voyons peu de
femmes sur la scène du Christianisme. Clovis se fait baptiser
avec 3,000 hommes. Au huitième siècle, un concile est convoqué
pour décider si les femmes avaient une âme.

Aujourd'hui encore, voyez en France.

Où la femme est-elle le plus méprisée, mise au rang de la servante ?

Là où la religion a le plus d'influence : dans les campagnes de
la Vendée et de la Bretagne.

D'ailleurs le texte de l'Ecriture sainte est formel ; Dieu créa
l'homme et lui donna une âme (une seule) semblable à la sienne.
Puis il lui prit une côte et forma là femme.

Il est évident, il est indiscutable (et je défie tous les théologiens
ensemble de donner une autre interprétation du texte) que
l'homme n'ayant reçu qu'une âme ne pouvait en avoir une
deuxième dans la côte qui forma Eve.

Nous qui répudions hautement le christianisme comme antisocial, hostile à tout progrès, nous devons établir l'égalité possible au sein de la société.

Nous ne proclamerons pas ce dogme stupide et mensonger :
tous les hommes sont frères en Jésus-Christ.

Et il est remarquer que chez aucun peuple, les castes n'ont
été plus distinctes que chez les Chrétiens qui se disent tous frères.

Au moyen âge, c'est-à-dire à l'époque de la plus grande puissance de la papauté, nous avions la noblesse, le clergé, les vilains ou serfs, et au-dessus, le roi très chrétien, le roi soleil.

Qu'avez-vous fait pour établir votre fraternité, prêtres chrétiens, lorsque vous faisiez trembler les rois sous les foudres de vos excommunications ? Ce n'est pas vous qui avez proclamé les droits de l'homme, il y a cent ans ? Ce n'est pas vous qui nous avez faits ce que la Science nous fera bientôt ; unis et libres.

Aussi nous rendrons à la femme la place qui lui convient. Nous la relèverons de la honte et de l'abaissement où vous l'avez laissée depuis tant de siècles.

En lui tendant la main, nous l'empêcherons de se révolter contre l'injustice ; sa révolte ne saurait que nous susciter des embarras que nous pouvons très bien éviter.

La loi doit protection à la fille du peuple, parce qu'elle est faible. La loi doit protéger le faible : c'est là le point de vue humanitaire. Je n'ai nul souci du fort ; il saura bien se défendre dans la lutte sociale.

Or quelle est la situation faite par les lois françaises, à la fille du peuple, c'est-à-dire au plus grand nombre ?

M. X... naît avec quelques milliers de francs de rente. Après avoir terminé ses études tant bien que mal, il est lancé dans le monde, et on vient tout bêtement vous dire : il faut que jeunesse se passe.

Oisif, parfois peu intelligent, le fils du riche est livré à tous les vices. Le jour, il hante les cafés ; la nuit, tous les mauvais lieux d'alentour. Puis, dans la rue, il aperçoit une jeune fille qui se rend à l'atelier.

Alors commence la lutte : d'un côté, l'isolement, la faiblesse, la pauvreté ; de l'autre, la fortune oisive. La fille naïve cède ; elle va se marier. Quatre-vingt-dix-neuf fois sur cent, une promesse de mariage seule peut vaincre les résistances.

La liaison dure plus ou moins, et si un enfant naît, le fils du riche s'éloigne. Je dis que cet abandon est un acte monstrueux et responsable. Quoi ! ce n'est pas votre femme ! ce n'est pas votre enfant !

Et vous venez me dire que vous êtes un peuple civilisé ! Vou êtes chrétiens, et vous venez me dire que le christianisme protège la femme, protège le faible !

Et dans quelles tribus australiennes trouvez-vous des faits aussi monstrueux ? Descendez plus bas, chez les animaux. Citez-moi une espèce chez laquelle le mâle abandonne la femelle et ses petits, surtout lorsque la femelle est faible ?

Je dis que la loi doit fournir à la jeune fille du peuple, dans cette lutte, une arme qui rende les chances égales.

Le jeune homme qui abandonne la fille enceinte la tue. Il fait plus : de sang-froid, sans pitié, il livre à la honte, au désespoir, aux tortures morales et physiques cette pure et chaste enfant, qui, naïve, a cru à la loyauté, à l'honnêteté du riche, et lui a livré tout ce qu'elle a, tout son être, son premier amour.

Et lorsque cette pauvre jeune fille, que la douleur rend folle, cherche à se sauver en faisant disparaître la preuve matérielle de la honte que vous lui imposez, il se trouve des législateurs et des juges qui se font les sauvages complices de ce crime de lèse-humanité : la loi, de sa main de fer, la saisit impitoyablement, la note d'infamie :

Voilà une déclassée !

Et tandis que la pauvre enfant est traînée devant la Cour d'assises par deux gendarmes, le coupable, si toutefois il ne siège pas au fauteuil des juges, machine tranquillement un autre crime, ou bien va offrir à une riche héritière les restes des prostituées du quartier.

Eh bien ! notre morale à nous, athées, radicaux, matérialistes (comme vous l'entendrez), la voici :

Le jeune homme, de sang-froid, sans provocation aucune, tue la jeune fille. La jeune mère, folle, tue le séducteur.

Voilà la justice, d'où la loi.

Depuis quelque temps, il se produit un grand mouvement de l'opinion publique en faveur de ma thèse. Chaque jour, nous voyons acquitter par les Cours d'assises des filles qui ont tiré des coups de revolver sur leur séducteur, ou qui ont tué leur enfant.

Il y a d'autres déclassés, très intéressants, les jeunes enfants coupables. Quelques essais sont faits pour leur réhabilitation. Les colonies pénitentiaires sont une œuvre digne d'intérêt. Je n'insiste pas, puisqu'il y a un commencement de bonne volonté de la part du législateur.

Il y a aussi les étrangers, notamment les Espagnols, débris des bandes de don Carlos : autant de pillards et d'assassins que nous tolérons à tort. La loi devrait défendre l'accès du territoire français à tout étranger que l'on désigne sous la dénomination de terrassier : c'est tout simplement un déclassé étranger qui vient s'ajouter aux nôtres.

Les derniers troubles de Marseille sont encore un argument en faveur de la mesure rigoureuse que je propose.

En quelques mots, je me résume au sujet des déclassés :

Expulsion du territoire de France de tout individu n'ayant ni feu ni lieu, et notamment de tous ceux qui sont placés sous la surveillance de la police.

Et protection, par une loi draconienne, à la fille du peuple.

Suppression du budget des cultes.

I

Tous les Français, à la fin du dix-neuvième siècle, admettent la Science, le Progrès : je ne veux pas faire l'injure à mes concitoyens d'insister là-dessus.

Eh bien ! je dis que le christianisme est l'ennemi irréconciliable de la Science, de tout Progrès. Il n'a pu naître, grandir et se maintenir que dans un milieu ignorant et grossier.

Je ne fouillerai pas dans les annales des divers peuples chrétiens pour prouver que la Science a été non seulement combattue, mais même proscrite par le prêtre.

Le martyrologe de la Science serait trop long à écrire. Je ne citerai que quelques faits, quelques noms.

L'imprimerie est déclarée un art diabolique.

Descartes s'enfuit en Hollande; il n'ose publier son *Traité de la lumière.*

Toute science était hérétique.

Lisez Llorente: *Histoire de l'inquisition d'Espagne;* à chaque page vous trouverez une victime de la Science, de la libre pensée.

L'Erreur est souveraine au Vatican.

La Science vient engager la lutte à ses portes.

Copernic enseigne dans Rome; mais bientôt, surveillé, menacé, il s'enfuit.

Près d'un siècle s'écoule. Galilée poursuit l'œuvre de Copernic.

La Science avait en eux de rudes champions.

Le trône de l'Erreur va crouler, écrasant dans sa chute le prêtre stupide et féroce. Mais ce dernier relève le défi: le crime ne saurait l'arrêter.

La violence est son arme favorite.

Galilée, à soixante-neuf ans, est mandé à Rome, par l'inquisition chrétienne.

A deux genoux, ce sublime apôtre de la Science, de la Vérité, avoue son ignorance..... abjure ses erreurs.

Et le prêtre chrétien consomme son œuvre de crimes et de stupidités; il assassine lâchement ce noble vieillard.

L'abjuration de Galilée, prêtres chrétiens, fut votre condamnation. Dès ce moment vous n'existez plus comme Puissance.

Le soleil est immobile (relativement à son système bien entendu). Josué n'est qu'un mauvais plaisant; le ridicule vous tue.

La tolérance vous est imposée: or, la tolérance fut votre sentence de mort.

Toutefois, la Science s'enfuit de Rome, éperdue, affolée de terreur par une pareille monstruosité.

Elle succomberait peut-être aux portes du Vatican...

Newton naît en Angleterre, loin, bien loin des sicaires de l'Erreur.

La loi est trouvée: l'Esprit humain sait.

La lutte suprême est terminée : la Science triomphe.

La grande évolution de l'intelligence humaine est accomplie.

Que reste-t-il à faire ? préparer le peuple à cette transformation intellectuelle déjà subie par l'élite de la société.

La Science et le christianisme doivent-ils, pourront-ils coexister officiellement en France ?

Pour résoudre cette question, je vais faire un exposé rapide des principaux points de l'enseignement chrétien ; je rechercherai l'utilité, pour la société actuelle d'un tel enseignement, et j'en déduirai les conséquences inéluctables.

L'Erreur nous dispute les masses ; mais son Dieu est immuable, son enseignement doit l'être aussi.

La Science enfante le Progrès ; sa raison d'être est le mouvement intellectuel.

Or, il est bien facile de prévoir le dénouement de la lutte entre l'Erreur immuable et la Science, progrès, mouvement.

A l'Erreur les bûchers, l'intolérance, l'obscurité des dogmes ; à la Science, tout simplement l'enseignement au grand jour.

Au prêtre, l'église nous dit-on, et à l'instituteur, l'école. Oui, j'accepte la lutte sur ce terrain-là, mais il ne faudrait pas que l'école fût, comme aujourd'hui, une succursale de l'église, et que l'école normale fût un séminaire déguisé (comme celle de Mâcon, directeur M. Belloc).

Je vais parcourir à grands traits le dogme chrétien et sa doctrine.

Je lis dans le catéchisme chrétien : Dieu est un pur esprit, infini, qui peut tout, qui sait tout, et qui a fait toutes choses de rien, et dans les dictionnaires officiels ; Dieu est juste, sage, aimant, immense, éternel, majestueux et.... incompréhensible.

J'avoue, en toute humilité, que de tous ces attributs de votre dieu, il n'y en a qu'un seul que je comprenne parfaitement : c'est le dernier.

Ma faible intelligence ne peut s'élever jusqu'au sublime d'un tel enseignement.

Dieu est un pur esprit ; il ne peut être vu, ni touché par aucun de nos sens.

Comment se fait-il, prêtres chrétiens, que s'il ne peut être vu ni touché par aucun de nos sens, vous nous promettiez que nous le verrons face à face dans le Paradis, pendant toute l'éternité, avec nos propres yeux ?

Dieu est infini.

Ici encore, je confesse mon ignorance ; je ne comprends pas.

Dieu peut tout.... ceci est un peu plus clair. Eh bien ! prêtres chrétiens, vous mentez, votre dieu ne peut tout faire. Il ne peut pas faire que je n'ai pas existé ; il ne peut pas faire le mal (c'est vous qui l'affirmez), et je le défie à l'instant de faire tomber un seul cheveu de ma tête.

Nous ne sommes plus au temps où le juif était frappé de mort, par dieu lui-même, pour avoir porté une main sacrilège sur l'arche sainte.

Votre dieu ne peut empêcher cette graine de germer, cet œuf fécondé de produire un oiseau.

Je le défie de rendre le mouvement, la vie à ce cadavre.

Dieu sait tout : c'est un de ses attributs au sujet duquel les théologiens ont épuisé toutes les subtilités.

La prescience !

La prescience de votre dieu, c'est la fatalité du musulman ; c'est la négation de toute liberté. La prescience, qui est votre invention, est une arme contre vous ; car, si je ne suis pas libre, je ne suis pas responsable.

Le présent seul existe pour votre dieu ; donc, il voit, dites-vous ; il ne saurait prévoir.

Très bien. Mais votre dieu ne saurait voir que ce qui existe. Il ne peut voir ce qui n'existe pas. Or, si le fait existe, comment me prouverez-vous que l'homme puisse ne pas l'accomplir ?

Dieu a fait toutes choses de rien : ainsi donc, il fut un temps où les éléments de notre système solaire, des étoiles, des nébuleuses, n'existaient pas !

Et ce dieu incorporel, s'ennuyant dans son éternité, eut un caprice, une fantaisie.

Il créa tout ce que nous voyons, tout ce que nous concevons, dans l'espace, c'est-à-dire qu'il fit tout cela de rien.

Lorsque vous avez inventé cet enseignement, prêtres chrétiens, vous étiez des ignorants. Aujourd'hui, en le continuant, vous êtes des imposteurs.

Votre dieu crée un peu trop lestement ces multitudes

d'étoiles qui constellent l'espace ; je reviendrai là-dessus plus tard.

Dieu est juste : voyons un peu.

Jean et Jeanne commettent jusqu'à l'âge de quatre-vingt-dix ans les plus horribles forfaits. Ils nient dieu ; à l'heure de la mort, ils repoussent le prêtre.

Dès que leur âme apparaît devant le tribunal suprême, on vous les expédie en enfer pour l'éternité.

Et c'est bien fait : c'est un châtiment un peu long, j'en conviens, mais il est mérité.

Justin et Justine suivent scrupuleusement à la lettre, jusqu'à quatre-vingt-dix, quatre-vingt-quinze ans, les commandements de dieu et de sa sainte Église.

A quatre-vingt-quinze ans, ils mangent, un jour de vendredi, un morceau de porc rance et salé. Au sortir de table, ils sont subitement frappés comme M. Dupanloup.

Ils ont commis un péché mortel. Ils n'ont pas eu le temps de se repentir. Ils sont condamnés aux flammes de l'enfer pour l'éternité.

Et votre dieu est juste !

Allons donc ! Tenez, en présence de tous les évêques passés, présents et futurs, le pape lui-même serait-il là, je soutiendrai que votre dieu est d'une férocité stupide, d'une injustice révoltante.

Dieu est sage : Ah ! dam, je n'en sais rien. Il faudrait, pour parler de sa sagesse, être quelque peu son voisin.

Cependant, l'histoire de son Saint-Esprit courant après la jeune femme de Joseph pour la séduire, ne m'inspire pas une grande confiance.

Dieu est aimant : il se choisit un peuple bien-aimé, le peuple juif. Pour cela faire, il prend les frères de Joseph, qui ont commis un crime si énorme que l'Écriture Sainte n'ose elle-même le nommer.

Or, d'après la nomenclature des crimes que nous trouvons dans cette histoire, quel donc pouvait être un tel crime ?

Franchement, on ne saurait féliciter votre dieu d'avoir fait choix de pareils monstres ; mais c'est son affaire et non la mienne.

Voilà donc le peuple chéri de dieu.

Et quelque temps après, il envoie son fils unique à ce même peuple, pour qu'il le crucifie. Or, le peuple juif sera maudit, brûlé vif, pourchassé, traqué comme une bête fauve par les chétiens, ce qui m'inspire les réflexions suivantes :

1° Pourquoi dieu aimant oblige-t-il son peuple chéri à tuer son fils unique, puisque ce meurtre devait entraîner des conséquences aussi déplorables ?

2° Les juifs ont accompli la rédemption du genre humain, laquelle rédemption eût râté si les juifs n'avaient pas crucifié le fils de leur dieu. C'était fatal. Et les chrétiens, au lieu d'être à deux genoux devant les juifs pour le service inénarrable qu'ils ont rendu, les volent, les brûlent, les notent d'infamie.

Il faut bien reconnaître forcément que le chrétien a une singulière façon de pratiquer la reconnaissance.

Dieu est immense : c'est possible. Lorsqu'on a fait de rien ces milliards de mondes qui brillent dans l'immensité, on doit avoir en effet plus de six pieds carrés.

Dieu est éternel : ceci reste à prouver, ce qui sera difficile, humainement parlant.

Majestueux : je me rappelle avoir vu dans je ne sais plus quelle église, un Jéhovah avec une barbe grisâtre : si c'est là ce qui fait la majesté de votre Dieu, je n'ai qu'à m'incliner.

Dieu est incompréhensible : je l'ai déjà dit, c'est un attribut que je comprends très bien. Et je ne m'explique pas que tous les amateurs de dieu, Jules Simon en tête, ne s'en tiennent pas exclusivement à celui-là.

Et tout théologien viendrait nous dire :

J'explique dieu, parce que je ne le comprends pas ; ce qui vaudrait assurément tout autant que le *credo quia absurdum* de l'un de vos plus illustres docteurs.

II

Dieu est partout. Que voulez-vous dire par ce mot, dieu ? quelle est sa forme ? sa substance ?

Vous n'en savez rien.

Il est partout.

Il est donc dans ces pierres, ce morceau de bois, cette plante (vous oserez vous moquer ensuite de la Tabra du cap Corse, de l'Assaonam du nègre, d'un fétiche quelconque). Il est dans notre planète, dans le soleil, dans les nébuleuses... dans votre enfer aussi. Alors, les damnés le verront tout aussi bien que les élus ?

En disant qu'il est partout, vous n'attachez aucun sens à vos paroles ; vous ne savez ce que vous dites.

Il y a trois dieux : le Père, le Fils, le Saint-Esprit : mais il n'y a qu'un seul dieu.

Le Fils est aussi ancien que le Père......

Que signifie un tel langage ? Rien, absolument rien.

Dieu créa Adam et Ève et leur dit : « Croissez et multipliez. » Comme dieu n'a créé qu'un seul couple d'êtres humains, nous avons forcément Adam forniquant ses filles ; les enfants forniquant leur mère, et les frères et sœurs forniquant entre eux.

Comment vous sortirez-vous de là, Messieurs les théologiens ?

Ce dieu fit l'homme à son image et à sa ressemblance, et lui donna une âme semblable à la sienne.

Est-ce une ressemblance physique ? Alors il a une tête, une figure, des membres, etc., comme nous !

Une ressemblance morale ? Alors, comme notre âme est capable de tous les crimes, votre dieu peut aussi commettre tous les crimes !

Dieu le père prit un peu de boue et fit le premier homme. Puis, pendant qu'il dormait, il lui sortit une côte et en fit une femme.

Dieu plaça l'homme et la femme dans un lieu de délices et leur défendit de manger d'une pomme.

Un serpent offre la pomme à la femme, qui en fit manger à l'homme, et pour ce seul fait de désobéissance, l'humanité entière est frappée d'un châtiment atroce, la peine d'un feu éternel.

Dieu chasse l'homme et la femme du paradis terrestre, et place un ange à la porte, pour les empêcher d'y rentrer.

Qu'est devenu cet ange, M. Freppel ?

Puis dieu promet un rédempteur à l'homme. Quatre mille ans après, dieu envoie son Saint-Eprit vers la Vierge Marie, pour avoir d'elle un enfant, à l'insu de son mari.

Serait-ce de par Dieu, Saint-Joseph est cocu.

Et votre vierge est adultère.

L'offense étant infinie, nous dit-on, il fallait que la réparation fût infinie. Or l'Homme-Dieu a souffert comme homme ; il ne saurait souffrir comme Dieu : la rédemption infinie par la croix n'a donc pas eu lieu. Et si on admet qu'elle a eu lieu, elle a eu nécessairement tout son effet : le genre humain est sauvé.

Pourquoi venez-vous nous dire que sans le baptême, sans l'aveu de ses fautes, sans l'absolution, l'homme est damné ?

Veuillez donc nous expliquer quelles sont les conséquences, les résultats de la rédemption accomplie par le Christ.

Le Christ mort sur la croix reste trois jours enseveli, descend aux limbes chercher les âmes des justes, leur ouvre les portes du ciel, et revient sur la terre donner ses dernières instructions.

Vous changerez, dit-il à ses apôtres, ce pain en mon corps et ce vin en mon sang. Et le prêtre a le pouvoir de faire des milliers de dieux avec quelques grammes de pain. Et dans chaque gramme de pain, il y a réellement le corps, le sang, l'âme et la divinité du Christ ; tout aussi réellement que ce quartier de bœuf, sur l'étal du boucher, est du véritable bœuf. Et lorsque le chrétien avale ce gramme de pain, c'est absolument comme si, à Jérusalem, un juif se fût permis de prendre le Christ vivant entre le pouce et l'index, et de le croquer en une seule bouchée.

Ce sont autant de vérités inco .testables.....

Nierez-vous, prêtres chrétiens, que des milliers de créatures humaines aient été brûlées vives pour avoir douté de la réalité de ce dogme ?

Et il y a encore des prêtres aujourd'hui ! ! ! et les gendarmes sont chargés d'emprisonner, en plein dix-neuvième siècle, ceux qui se permettraient de toucher au plus stupide des fétiches, au fétiche chrétien ! et hier encore des soldats français formaient une escorte d'honneur à ce fétiche, dans les rues, sur les places publiques !...... O honte ! ! ô honte ! !

Au sujet de l'eucharistie, je ferai remarquer que le prêtre a plus de pouvoir que son fétiche.

En effet, le Christ ne peut pas se refuser à venir dans l'hostie, lorsque son prêtre l'ordonne. Ici c'est le prêtre qui commande à son Dieu.

Le Christ est Dieu et homme tout ensemble. Or le jour de l'ascension, il alla au ciel comme homme. Comment le Christ, homme, peut-il vivre au ciel, sans manger ni boire? Comment ce corps humain peut-il être assis *à la droite* de son père esprit, incorporel, *qui est partout?*

Avant de monter au ciel, le Christ donna à ses apôtres le pouvoir de guérir les maladies physiques : pourqu., comment le prêtre n'a-t-il plus ce pouvoir?

Vous nous promettez, prêtres chrétiens, la résurrection de nos corps, tels qu'ils sont, au jugement dernier; l'humanité entière sortira des tombeaux et se présentera toute nue devant votre trois-dieux. Et toutes ces vierges, ces sœurs si pudiques (en public) viendront étaler leur nudité à nos yeux.

> La foule des humains qui meurt de maladie,
> En entrant dans le ciel, sera-t-elle guérie?

Qui nous servira à boire et à manger dans le paradis et dans l'enfer? car si nous ne buvions ni ne mangions, nous n'aurions donc pas nos propres corps.

Nous serons tous égaux dans le paradis.

Pourquoi, si c'est là l'état parfait, vos papes, évêques et rois ne pratiquent-ils pas l'égalité dès ce bas monde?

Ceux qui ne suivent pas les commandements de dieu et de son église, iront en enfer.

Comment, pour n'avoir pas assisté à votre messe, un dimanche, je brûlerai en enfer pendant toute l'éternité!

Et votre purgatoire!

Jamais la doctrine du vol n'a été proclamée, mise en pratique aussi effrontément que par le prêtre chrétien.

Jean a vécu saintement à vos yeux, jusqu'à 90 ans; à l'heure de sa mort, il reçoit vos sacrements avec toutes les conditions requises. Son âme va au ciel, c'est de foi.

Un enfant baptisé meurt à 2 ans : il va également au ciel. Et vous vous faites donner de l'argent, afin de dire des messes pour le repos de ces âmes?

Les lois humaines punissent sévèrement de pauvres diables qui, pressés par la faim, prendront un morceau de pain. Et elles vous laissent voler impunément de pauvres imbéciles, leur extorquant, par une fraude morale, des millions qui vous font vivre :

Faisant grand'chère et sablant les bons vins,
Et portant ces écus à de sales catins.

Tout le monde a sous la main les livres saints du christianisme ; je n'en citerai donc que quelques extraits :

« Le but principal de la vie de l'homme (ceci y est écrit à chaque page), le but unique est la façon dont il vivra après sa mort. »

Les affaires de ce monde, je l'ai déjà dit, et je ne crains pas de me répéter, ne sont pas seulement reléguées au second plan, ne sont pas tout simplement secondaires ; elles ne doivent compter pour rien.

« Que me servira d'avoir gagné tous les biens de ce monde si je ne sauve mon âme. »

Que de forces réelles perdues pour le bien de la société ! Car, comme conséquence de ce principe, vous avez les couvents, les congrégations religieuses, les prêtres ! Que font tous ces gens-là, hommes et femmes, parasites affamés de la société actuelle ?

Votre dieu vous a dit : « Vous mangerez votre pain à la sueur de votre front..... Croissez et multipliez. »

Vous violez effrontément ces deux lois divines.

Votre premier devoir est d'obéir à votre dieu, de suivre ses enseignements, ses exemples.

Jusqu'à l'âge de trente ans, un de votre trois-dieux n'a-t-il pas vécu de son travail manuel ? Ne vous a-t-il pas prouvé qu'il fallait être utile à la société autrement que par des prières ? Pourquoi ne gagnez-vous pas, comme votre dieu, comme vos voisins, votre pain à la sueur de votre front ? Ensuite, pourquoi n'avez-vous pas une famille à élever ?

Et le prêtre ?

Oh ! celui-là sera la honte, honte ineffaçable des sociétés civilisées au dix-neuvième siècle !

Celui-là est en révolte ouverte contre la Science, contre la vertu, contre la morale, contre la société. Et les gouvernements font vivre ses chefs dans des palais somptueux, au sein d'un luxe insultant à la misère du peuple !

Des malheureux meurent littéralement de faim ; et les évêques ont de magnifiques calèches traînées par des chevaux de prix, des tables somptueuses ; achètent 500 fr. les faveurs d'une prostituée en renom.

Et le prêtre des campagnes, ne vit-il pas, aux frais de l'Etat, dans une aisance relative, et cela sans rien faire. Quelle est sa mission ? Enseigner à l'homme qu'il y a une seconde vie qui durera toujours, et que s'il mange de la viande un vendredi, s'il n'assiste pas à la messe le dimanche, s'il ne se confesse pas à Pâques à un prêtre (lequel sera quelquefois dès le lendemain condamné aux travaux forcés), il ira brûler en enfer pendant l'éternité.

Pour de tels manquements, dont la loi française ne juge pas même à propos de s'occuper en police correctionnelle, le dieu de justice et d'amour inflige aux délinquants un châtiment non seulement atroce, mais éternel.

Aussi, aujourd'hui, dans nos campagnes elles-mêmes, on se moque du prêtre et de son enseignement. On le méprise, et, à la honte du Gouvernement, il n'existe que de par le budget des cultes.

Que fait le prêtre ? Il nous dit : « Travaillez, le travail sanctifie l'homme ; » et lui-même croupit dans une oisiveté révoltante. Aussi, il porte la honte dans les familles, le scandale et le désordre dans la commune.

Et ceci est fatal.

Il est oisif, sain de corps. La nature est inexorable. Le prêtre doit violer la jeune fille du catéchisme et souiller toutes les jeunes femmes qui iront au confessionnal.

Une jeune femme ne peut sortir du confessionnal que dévergondée. Voyez à ce sujet Liguori, annoté par Receveur, professeur à la Faculté de théologie de Paris (1832) : *De la fornication.*

Et ici le mal est plus grand qu'on ne l'imagine ; il est général. Vous n'avez pas un jeune prêtre, pas un seul, qui ne soit passible de la Cour d'assises ou du correctionnel. Vous n'avez pas une seule jeune femme, allant à confesse, qui ne soit souillée par le prêtre ?

Et que lui a-t-on enseigné au séminaire ? Le pape est le représentant de dieu ; le pape est infaillible, institué pour dominer toutes les puissances de la terre.

Le prêtre est le mandataire du pape.

Et le prêtre dans la commune veut dominer le pouvoir civil, veut diriger l'enseignement. Il est l'apôtre de dieu ; le maire et l'instituteur lui doivent soumission en tout. Le prêtre est logique.

En face de cette prétention de chaque jour, dans la pratique se produisent de légitimes résistances, d'où le désordre.

Il faut rompre résolument avec cet état de choses dangereux, nuisible au suprême degré.

III.

Examinons maintenant ce que doit être une société chrétienne, le Christ va nous le dire.

Ne vous inquiétez pas du lendemain ; à chaque jour suffit sa peine. Voyez les oiseaux du ciel et le lys de la vallée. Mon père nourrit les uns, et donne aux autres des vêtements plus beaux que ceux de Salomon.

Quelle société que celle d'individus tout nus, attendant que dieu leur porte un morceau de pain et une culotte.

Ne pas songer au lendemain, ne pas travailler pour le lendemain, n'est-ce pas abrutir l'espèce humaine ?

Que seraient les sociétés vivant au jour le jour ?

Un ouvrier se lève à quatre heures du matin et va travailler toute la journée. Un autre arrive à quatre heures du soir. Le Christ donne le même salaire à tous les deux. Qu'arrivera-t-il ? dès le lendemain, le premier arrivera au travail à quatre heures du soir.

Si on vous frappe sur une joue, présentez l'autre pour qu'on vous frappe de nouveau.

Abandonnez votre manteau à qui veut vous enlever votre tunique. N'est-ce pas provoquer le règne des méchants ?

Comment, voilà un gredin qui me vole, et vous m'ordonnez,

vous, dieu de Justice, de lui donner encore tout ce qui me reste !

Vendez tout ce que vous possédez et donnez le produit aux pauvres. D'abord je demanderai à votre dieu pourquoi je ne donnerai pas ma terre aux pauvres plutôt que de leur donner de l'argent.

Et lorsque tous les riches auront vendu et auront tout donné aux pauvres, les pauvres, devenus riches, vendront à leur tour, joli trafic !

Ou, si je vous interprète mal, vous voulez le partage égal, la communauté des biens ; vous êtes un communard.

Quand vous aurez fait de mauvaises affaires, dit encore le Christ, vous vous mettrez voleur. Ceci est écrit en toutes lettres :

Il fit donc venir l'un après l'autre tous les débiteurs de son maître. Il dit au premier : que devez-vous à mon maître ? Celui-ci dit : Cent tonneaux d'huile. L'économe lui dit : Tenez, voilà votre écrit ; asseyez-vous là promptement et faites-en un autre de cinquante.

Et vous, qu'est-ce que vous devez ? Cent mesures de froment. Tenez, lui dit-il, voilà votre écrit ; faites en un autre de quatre-vingts.

« Et le maître loua cet économe infidèle. »

Aujourd'hui un homme d'affaires quelconque, qui agirait ainsi passerait en cour d'assises.

Les péchés seront remis à ceux à qui vous les remettrez, et retenus à ceux à qui vous les retiendrez.

Si donc, vous avez été voleur, assassin, et que vous avouiez vos crimes à un prêtre, vous irez voir dieu face à face pendant l'éternité.

Fort heureusement que ni les mœurs, ni le code pénal n'admettent une pareille doctrine. Et cependant vous payez le prêtre pour l'enseigner.

Jeune fille si tu as forniqué, et que tu aies un enfant ; jeune épouse si tu es adultère, et que tu portes l'enfant d'un autre dans le lit de ton mari ; avouez votre faute au prêtre, et il vous rendra aussi pures que les plus pures des vierges.

Si votre absolution, prêtres chrétiens, était prise au sérieux, elle serait une provocation à tous les crimes, un grand péril pour la société. Et les gouvernements seraient bien coupables, s'ils ne la frappaient pas d'un ostracisme impitoyable.

Aimez vos ennemis... faites leur du bien.

Comment, voilà un misérable qui, par ses calomnies, me ruine, me déshonore, plonge ma famille dans la misère, arrache le pain à mes enfants ! Et il faudra que je bénisse ce misérable !... que je lui fasse du bien ?

Etre bien stupide, bien idiot, que votre Christ, si jamais il a existé !

IV

Il me reste à rechercher l'utilité de l'enseignement chrétien, sa nécessité pour le bien de la société, son influence sur les mœurs et sur la Science, et à voir, en dernier lieu, ce que pourrait bien être une société dont les membres n'iraient :

Ni à la messe;

Ni à confesse.

Autant de questions que je ne vais qu'effleurer, me réservant de les traiter ultérieurement avec tout le développement qui leur convient.

L'exposé du dogme et de la doctrine nous a démontré que l'enseignement chrétien est stupide, idiot, féroce, barbare, antisocial, ennemi de la Science.

En suivant ses œuvres à grands traits, nous retrouvons à chaque pas l'antique et sinistre Jéhovah, ce hideux égorgeur des hommes, toujours le couteau à la main; le Jéhovah, dieu et roi tout ensemble, car la royauté et la religion sont deux infâmes jumelles, qui ont enfanté la majeure partie des maux de l'humanité.

Supprimez les dieux et les rois et vous n'aurez ni guerres, ni haines.

Dans l'histoire de notre patrie, la France, que l'on dit la fille aînée de l'Église, que trouvons-nous ?

Le premier roi très chrétien, Clovis, égorge de ses mains ses plus proches parents pour s'emparer de leurs biens.

Charlemagne, roi très chrétien, qui accorde la dîme au prêtre, s'empare des biens de ses neveux, fait égorger de sang-froid, à Verden, cinq mille saxons qui ne voulaient pas croire qu'un gramme de pain fût un dieu, et de ses propres filles en fait ses concubines.

Les Croisés s'emparent de Jérusalem, massacrent des milliers de musulmans et violent leurs femmes et leurs filles.

Un de nos rois très chrétien fait assassiner lâchement des milliers de Français qui ne veulent pas reconnaître l'autorité du pape.

Les rois chrétiens font des lois qui punissent de mort les Français qui ne sont pas catholiques-romains.

On brûle les protestants par milliers.

La Saint-Barthélemy, Cabrières, Mérindol, la guerre des Albigeois ne suffisent-elles pas pour faire abhorer la royauté et la papauté.

L'inquisition a fait périr, dans d'affreuses tortures, les hérétiques par centaines de mille. Or, l'hérétique, c'est vous et moi aujourd'hui : tous les Français le sont plus ou moins.

Et pendant que le roi brûle les huguenots en France, il les protège en Allemagne contre l'empereur Charles XV !

Est-ce assez de folie ?

Louis XIV, pour obéir aux caprices de la dernière des courtisanes, fait les dragonnades.

Un enseignement qui provoque de pareils massacres est-il un enseignement utile à l'espèce humaine ?

Et tout ce que vous y trouverez de bon n'est qu'un plagiat des philosophes de l'antiquité.

On nous vante beaucoup ce mot du Christ : « Aimez-vous les uns les autres. » Mais pourrait-on concevoir une société qui reposât sur le principe contraire ? C'est absolument comme si on disait à l'homme : mange pour ne pas mourir de faim.

Que fait le prêtre dans nos campagnes ?

Chaque matin, il se lève quand bon lui semble et dit la messe, pour de l'argent le plus souvent; puis, il flâne toute la journée. Dans les communes de quelque importance, chaque mois, il y a en moyenne un baptême, un mariage, un enterrement.

Allons, messieurs les cléricaux, franchement, est-ce un travail ?

Et ce prêtre, ce fainéant que le paysan commence à se montrer du doigt, vient vous dire que son dieu a imposé le travail à l'homme ?

Quant à l'influence de la doctrine chrétienne sur les mœurs, je ne m'étendrai pas sur un sujet aussi triste, aussi désolant. Le mal prend des proportions effrayantes. Si les gouvernants n'y apportent un remède radical, dans le plus bref délai, les victimes seront fatalement portées à la révolte.

Le prêtre viole la fillette du catéchisme. Toutes celles qui sont jolies sont l'objectif de la luxure de ce satyre qui croupit dans l'oisiveté du presbytère.

Si la famille apprend que le prêtre a violé son enfant, que fera-t-elle ? Sacrifiera-t-elle l'enfant pour frapper le prêtre ? Quatre-vingt-dix-neuf fois sur cent elle se taira.

Cette impunité multiplie les crimes d'une façon incroyable.

Le prêtre viole rarement une fille de rien, comme on dit vulgairement : il s'exposerait à être pris. Il viole la fille dont les parents ont une position convenable, et qui préféreront, il en a la conviction, dévorer leur douleur en silence que sacrifier leur enfant.

Si la fille est dévergondée par le prêtre, elle continuera avec lui une vie de débauche commencée au confessionnal, la veille de la première communion. Si la fillette n'a pas été séduite par le prêtre, moralement pourrie peu à peu, si elle n'a été que victime d'une violence soit dans la sacristie, soit dans l'église même, elle s'éloigne du prêtre.

Vous ne la verrez plus au confessionnal. Elle pourra devenir une honnête femme.

Supprimez le confessionnal, et la jeune fille restera honnête. Le confessionnal, c'est le pourvoyeur des maisons publiques et de l'adultère....

Quant à la Science, quelle est la découverte utile à l'homme que le prêtre a faite ?

Comment, votre dieu vous charge de diriger l'espèce humaine en ce bas monde, et pas un de vous, prêtres chrétiens, n'a deviné les lois de l'astronomie, dont la connaissance procure à l'homme les jouissances morales les plus grandes ! Pas un de vous n'a découvert l'imprimerie, la vapeur, l'électricité ! Sans Christophe

Colomb, vous laissiez à jamais peut-être, tous les peuples d'A-
mérique plongés dans les *ténèbres de l'erreur !* pas un de vous ne
fait produire à un grain de blé un grain de plus que son voisin !

Si on supprime le prêtre, que deviendra la société, semblent
s'écrier avec effarement des gens qui, notons-le bien, ne vont
que très rarement à la messe et jamais à confesse.

D'abord, la question est très mal posée. Nous ne voulons pas
supprimer le prêtre, par un décret, au nom de la liberté, comme
Robespierre et Jules Simon décrètent, également au nom de la
liberté, l'existence de dieu.

(Singulier dieu, il faut avouer, qu'un dieu dont le sort est
entre les mains de tels personnages !)

Nous voulons tout simplement ne pas payer, de par la loi, un
homme qui, non seulement ne nous rend aucun service, mais des
services duquel nous ne voulons à aucun prix.

Est-ce clair ?

Nous vivrions comme des sauvages ! plus de morale ! Pour peu
ces braves gens, qui croient en dieu Christ tout comme moi,
ajouteraient que la fin du monde ne tarderait pas à arriver.

Ah ça ! mais comment vivaient les Grecs et les Romains ?
Comment ont vécu et vivent encore des centaines de millions
d'hommes en Asie ? et comment vit l'immense majorité des Français qui ne vont ni à la messe ni à confesse ?

Oh ! je sais que vous allez me répondre triomphalement : tous
ces peuples ont une religion.

Je ne conteste pas le fait. Mais pour le moment la question
n'est pas de savoir si l'homme peut ou ne peut vivre sans religion. La question n'est pas même de savoir si l'homme peut
vivre sans la religion chrétienne. Il s'agit de savoir s'il y a des
hommes qui ne croient pas en votre religion ?

Vous venez de répondre vous-même. Et en effet la totalité de
l'espèce humaine a vécu avant que le pape existe pendant des
milliers d'années ; la majeure partie vit aujourd'hui sans le con-
naitre, et tout aussi bien que nous.

Si nous avons quelque supériorité, ce n'est pas à vous que
nous le devons, c'est à la Science. Et si votre dieu lui-même a
cru sa religion nécessaire, indispensable à l'homme, pourquoi no
l'a-t-il pas donnée plutôt ? pourquoi a-t-il attendu 4,000 ans ?

pourquoi ne l'a-t-il pas portée à tous les hommes en même temps sur la terre? pourquoi le Christ n'a-t-il pas enseigné dans toutes les parties du monde ? pourquoi pendant quinze siècles les Américains n'ont-ils pu la connaître ? pourquoi, aujourd'hui encore, les neuf dixièmes de l'humanité sont-ils infidèles ?

Allons, Messieurs les théologiens, répondez !

Et s'il en est ainsi, en vertu de quel principe venez-vous m'imposer le budget des cultes, à moi, infidèle ?

V

Maintenant voyons un peu ce que pourrait bien être une société dont les membres, comme je l'ai déjà dit, n'iraient ni à la messe ni à confesse.

Nous n'avons qu'à jeter un coup d'œil autour de nous.

Dans les communes, le dimanche, on voit à la messe les chantres, les sacristains, l'instituteur, quelques chanteuses, une dizaine de femmes, trois ou quatre hommes et les enfants du catéchisme.

Chantres et sacristains vont à la messe pour de l'argent.

L'instituteur sort de l'école normale qui n'est qu'une annexe du séminaire; les deux ou trois chanteuses sont les maîtresses du curé.

Et avec tous ces éléments réunis, vous arrivez à peine au dixième de la population dans les campagnes. De votre propre aveu, dans les villes, les pratiques du culte y sont moins suivies qu'à la campagne.

En effet, dans Bordeaux, vous ne compterez jamais 20,000 personnes à vos offices du dimanche.

Vous ne m'objecterez pas, je pense, la foule qui se presse dans vos églises à l'occasion de trois ou quatre fêtes annuelles. Car, en dehors de ces fêtes, comment vivent ces prétendus croyants ? comme des impies, des libres penseurs. Et ce ne sera pas une grande témérité d'affirmer qu'ils se conduisent tout autrement mal, car, chez le grand nombre, la calomnie, le dévergondage sont passés à l'état d'habitude.

Un évêque a eu l'impudence de dire que nous n'étions que 80,000 libres penseurs en France. Un sénateur affirme *orbi et urbi* qu'il y a 35 millions de fervents chrétiens.

Comment, Monsieur Freppel, Monsieur Lucien Brun, vous êtes 35 millions de fervents chrétiens en France, et ce chiffre vous inspire des inquiétudes sur l'avenir de votre cause ?

Eh bien ! je vous affirme que lorsqu'il y aura en France 35 millions de libres penseurs comme l'instituteur actuel de Saint-Vivien, je dormirai parfaitement tranquille sur mes deux oreilles; je n'aurai nulle inquiétude sur l'avenir de notre cause.

Vous êtes donc 35 millions de chrétiens.

Comment, Monsieur l'évêque d'Angers, tout le monde est chrétien en France ? Eh bien ! moi je soutiens, et je vous le prouverai, qu'il n'y a pas un seul chrétien, pas un seul. Et bien plus, je vous défie de me nommer un évêque, un seul qui croie en Dieu-Christ !

Je pose la question clairement : nommez-moi un évêque qui croie que le corps du Christ était dans l'hostie consacrée par Monseigneur Maret le jour où il violait sa pauvre victime ?

Où trouvez-vous les preuves de votre affirmation, Monsieur Freppel ? Dans le baptême, peut-être ? dans les pratiques religieuses ? dans l'organisation actuelle du clergé ?

Dans le baptême, dis-je ?

Alors si le hasard m'avait fait naître en Océanie, et qu'un chef cannibale m'eût tatoué, au lendemain de ma naissance, ce chef serait autorisé à me dire aujourd'hui :

Citoyen français, tu es des nôtres; vois ton bras, ta poitrine, et grignote-moi cette tête humaine, cuite à point.

Le raisonnement de ce sauvage vaudrait bien le vôtre.

Et je vous demanderai : pourquoi baptisez-vous les enfants dès le lendemain de leur naissance ? le Christ s'est fait baptiser à trente ans (et cela dans le seul but de donner un exemple, puisqu'il n'avait nullement besoin du baptême), pourquoi ne l'imitez-vous pas; vous savez donc mieux que votre dieu ce qui est utile à sa religion ?

Et non seulement vous baptisez dès le lendemain de la naissance, mais vos prêtres éventrent (sous le patronage de nos lois) les jeunes femmes enceintes pour baptiser le fœtus humain.

Pourquoi ? je vais vous le dire ?

Parce que si vous attendiez l'âge de trente ans, vous ne baptiseriez personne.

Les saints de la primitive église ne baptisaient qu'aux fêtes de Pâques et de la Pentecôte, les catéchumènes éprouvés. Le pape saint Léon, vers le milieu du cinquième siècle, condamna la pratique des évêques de Sicile, qui baptisaient à l'Epiphanie.

Vous avez mission, dites-vous, prêtres chrétiens, de conduire les hommes au ciel, et pour cela faire vous exigez des millions.

Eh bien ! je vais vous prouver, d'une façon rigoureuse, que vous êtes les ennemis les plus implacables de ceux que vous prétendez vouloir sauver, et que, sciemment, vous envoyez en enfer l'immense majorité de l'espèce humaine.

Le baptême efface le péché originel et tous les autres péchés commis après le baptême. Tout homme baptisé à son lit de mort va au ciel. Or, vous baptisez l'enfant dès sa naissance. Pourquoi ne baptisez-vous pas toujours *in extremis* ! Vous n'auriez qu'une seule chose à craindre, c'est de ne pouvoir administrer le baptême à temps. Vous avez, dans votre sagesse, prévu cette difficulté, puisque dans le cas de nécessité, toute personne peut baptiser.

Ainsi vous ne sauriez m'empêcher d'établir :

1° Que tout homme baptisé *in extremis* va au ciel;

2° Que sur 10,000 il y en a un tout au plus qui meure d'une façon si subite qu'il soit impossible à un de ses voisins de lui jeter à la hâte quelques gouttes d'eau sur l'occiput avant qu'il ait trépassé.

Or si la mesure que j'indique a pour résultat de conduire au ciel presque tous les hommes, pourquoi ne l'appliquez-vous pas?

Une réponse s'il vous plaît.

On a dit du baptême :

> C'est une drôle de maxime,
> Qu'une lessive efface un crime.

Je suis un peu de cet avis.

Dans les pratiques religieuses?

Mais qui donc pratique la religion chrétienne en France, même parmi le clergé français? où se trouve donc ce croyant qui présente la deuxième joue, qui vende tout ce qu'il possède pour le donner aux pauvres, qui ne s'occupe pas du lendemain, aime son ennemi? etc, etc.

Je ne vous demande que de m'en signaler un seul, vous voyez que je ne suis pas bien exigeant: un seul et non trente cinq millions.

Dans l'organisation actuelle de votre clergé?

Mais on dirait vraiment que le prêtre a toujours existé en France, tel qu'il est aujourd'hui. Je sais bien que la majeure partie du peuple des campagnes ignore, il est vrai, que cette organisation date d'hier, et que les quelques imbéciles qui fréquentent le prêtre aujourd'hui croient que le Christ a établi lui-même le budget des cultes. Mais nous devons dire à tous et bien haut que ce budget des cultes, à la conservation duquel s'acharnent tous les cléricaux, est une convention entre le premier Consul Bonaparte et Pie VII, à la date du 15 juillet 1801. Que par conséquent ce que deux hommes ont fait il y a quatre-vingts ans, d'autres hommes peuvent parfaitement le défaire aujourd'hui.

Nous demanderons pourquoi, comment nous serions liés éternellement par une décision du Consul Bonaparte, tandis que vous, prêtres, vous n'êtes nullement liés par la décision de Pie VII? (A voir votre concile de 1870.)

Que sont devenus la pragmatique sanction de saint Louis, le concordat de 1516 entre François 1er et Léon X? pourquoi n'est-on pas soumis au dernier concordat, celui du 11 juin 1817, entre Louis XVIII et Pie VII?

Si les rapports de l'Église et de l'Etat ont subi en quelques siècles tant de vicissitudes, on voit très-bien que la suppression du budget des cultes, aujourd'hui ne serait tout simplement qu'une de ces nombreuses modifications dans les rouages de la société française, modifications dont quelques-unes non seulement sapent certaines institutions jusque dans leurs fondements, mais parfois les suppriment même pour toujours.

Qui eût jamais cru, au moyen âge, que la féodalité disparaîtrait complètement; qu'un jour la puissance temporelle des papes ne serait qu'un souvenir; que la royauté serait abolie en France?

Pourquoi donc le budget des cultes ne serait-il pas supprimé?

En vertu de quel principe immuable existe-t-il?

N'est-il pas la consécration de la plus révoltante, de la plus monstrueuse des injustices?

Comment, voilà un homme, le prêtre dont je refuse les prétendu services, un homme que je méprise, qui est mon plus dangereux ennemi, et vous venez me prendre à moi, pauvre ouvrier qui vis à la sueur de mon front, qui ne m'accorde que le strict nécessaire, afin de pouvoir nourrir ma famille, élever mes enfants, vous venez me prendre, dis-je, une pièce de cent sous dans ma poche pour faire vivre cet homme dans une oisiveté éhontée!

Le prêtre est le médecin de l'âme, comme M. X... est le médecin du corps. Je me casse la jambe, M. X... me guérit et me réclame cent francs. Que diriez-vous, prêtres chrétiens, si j'allais vous dire: vous savez l'accident qui m'est arrivé; M. X... me demande cent francs, donnez-moi cent sous pour m'aider à le payer.?

Et notons bien qu'ici le mal est palpable, le service rendu indéniable; ce qui n'a pas lieu chez vous.

Comment, ma jolie voisine commet un mignon péché mortel (et neuf fois sur dix par sa faute, pour son agrément même, tandis que moi je ne me suis pas cassé la jambe exprès) et vous voulez que je donne cent sous pour lui payer un médecin?

Que si vous arguez de la nécessité absolue de vos remèdes, de leur infaillible efficacité, je vous demanderai: Qui êtes-vous pour nous imposer ainsi vos lois?

Je consulte vos enseignements?

La vie est un désert au sein duquel vous êtes chargés de nous conduire. Deux routes y sont tracées, la première, difficile, pénible, semées de ronces et d'épines, conduit au ciel, lieu de délices éternelles.

La seconde facile, agréable, parsemée de fleurs, conduit en enfer où nous brûlerons, éternellement tourmentés par les démons.

Vous affirmez la vérité de ces enseignements.

Et nous voyons tous les prêtres, évêques en tête, se précipiter en foule sur le chemin parsemé de fleurs qui conduit en enfer !

Et vous ne voudriez pas que la foule, ce vrai mouton de Panurge, doute de vos enseignements, qui sont en constante contradiction avec votre conduite !

Il est donc rigoureusement démontré que le budget des cultes est une injustice révoltante, et qu'aucun gouvernement n'a le droit de prendre cent sous dans ma poche pour payer des services que je refuse.

Comment doit-on qualifier un gouvernement qui agit ainsi au nom de la liberté de conscience ?

L'argument décisif que vous invoquez pour le maintien du budget des cultes, est celui-ci : nous possédions des milliards ; la Révolution nous les a enlevés ; vous nous devez une compensation.

Mais qui vous avait donné ces milliards ? le peuple. Or le peuple vous les reprend ; de quoi vous plaignez-vous. Vous aviez acquis d'immenses fortunes par des moyens humains ; ces fortunes subissent forcément les lois des vicissitudes humaines.

Afin que votre argument eût la portée que vous voulez lui donner, il faudrait établir que votre dieu lui-même vous fît donation de ces biens temporels. Or c'est tout le contraire qui est établi par vos légendes.

Comment se fait-il donc qu'en France où la foi n'est plus qu'un souvenir, où le culte n'est pratiqué que par quelques gredins et quelques imbéciles, comment se fait-il, dis-je, que le gouvernement de la République française, maintienne le budget des cultes ?

C'est ce qui me reste à examiner.

VI

En traitant des réformes en général, j'ai parlé de l'éducation cléricale du peuple français ; j'ai dit que les sénateurs et les députés étaient baptisés, et que le plus grand nombre, ayant la vie facile par leur position de fortune n'avaient pas eu à lutter.

L'évolution intellectuelle n'est pas complète chez eux ; leur intelligence n'en est qu'à la première phase.

Toutefois les dogmes chrétiens sont si absurdes, si stupides, si révoltants, qu'à l'âge mur, forcément ces hommes ont perdu la foi qu'on leur avait inculquée dès le berceau. Puis ils en sont restés là.

La foi scientifique n'appartient pas, comme la foi chrétienne, aux pauvres d'esprit et aux fainéants. Il faut de longues études, de persévérants efforts pour se faire une conviction scientifique, pour se donner une foi.

Aussi, ne croyant à rien, ils sont indifférents ; ils laissent faire, et les quelques tendances qu'ils peuvent avoir vers les réformes sont le plus souvent paralysées par la femme, la fille, qui appartiennent au prêtre.

Notre désavantage, à nous, pionniers de la rénovation sociale, désavantage capital, et qu'il faut faire disparaître sous peu, consiste en ceci : notre dogme n'est pas encore formulé.

Je connais un très grand nombre de bons esprits, des penseurs très sérieux qui se demandent sincèrement : que devons-nous croire ?

Je ne peux, dans une simple brochure, exposer convenablement le dogme nouveau.

Je dirai seulement que le but de la vie, but unique, consiste à concourir au bien général : le bien individuel n'est que secondaire.

Chacun aidant à l'œuvre humanitaire, selon l'intensité de ses diverses forces, ne saurait exiger, dans la répartition du bien total, qu'une part qui soit en raison directe du concours apporté. D'où inégalité des biens, inégalité qui loin de constituer une injustice, n'est que l'expression rigoureuse de l'ordre, de la justice.

Quels moyens avons-nous de faire disparaître cet état de choses ?

Nous n'avons nullement besoin de recourir à la violence.

Les révolutions sanglantes sont à la fois des crimes et des fautes funestes à l'idée nouvelle.

Nous avons le bulletin, arme bien plus redoutable et tout autrement sûre que le fusil.

Il est vrai que nous ne sommes pas encore bien experts dans le maniement de cette arme ; on ne saurait nous en faire un crime puisque l'expérience nous manque. Mais que messieurs les réactionnaires n'aient nulle inquiétude sur le résultat final qui ne se fera pas attendre.

Pour le moment, en France, la noblesse, la bourgeoisie et le clergé forment à peine le cinquième de la population. Nous sommes donc quatre contre un ; il nous faut quatre députés sur cinq.

Si le peuple veut des réformes, s'il veut supprimer le budget des cultes, qu'il choisisse des mandataires dans son sein.

La parole est au suffrage universel.

Armée.

Réduction immédiate de la moitié au moins de notre armée active.

Toutes les fois qu'il s'agit d'opérer une réforme, il faut rechercher l'origine de l'institution que l'on veut modifier ou supprimer, et examiner si les milieux qui l'ont vu naître, ou plutôt qui la motivèrent, ne sont pas complètement changés.

Sans vouloir faire ici l'historique de notre état militaire, depuis les premiers Francs qui vinrent se fixer dans les Gaules jusqu'à nos jours, je vais tracer en quelques lignes les diverses phases qu'il a subies.

Chez les premières tribus nomades qui envahirent la Gaule, tous les citoyens valides étaient soldats. Quelques chefs plus hardis, plus courageux que leurs voisins, s'emparaient de leurs possessions et les distribuaient à leurs compagnons d'armes : c'étaient les vassaux qui, pour toute compensation, devaient le service militaire au chef ou roi.

Cela se perpétua plusieurs siècles, et, durant la longue et sombre période du moyen âge, les chefs ou rois de France n'avaient que leurs vassaux pour combattre à leurs côtés.

La France était divisée en un grand nombre de provinces,

sous les ordres de chefs plus ou moins puissants, continuellement en guerre les uns contre les autres. Soldats et chefs vivaient du produit de la guerre, de rapines et de brigandages.

Des bandits de toutes nations se réunissaient en plus ou moins grand nombre et s'enrôlaient, pour de l'argent comptant, sous les bannières d'un prince quelconque. Licenciés dès le lendemain de la guerre, ils infestaient les provinces et étaient un grand péril pour la société : Duguesclin en entraîna quarante mille en Espagne.

Cet état de choses dura jusqu'à Charles VII, qui, le premier, eut des armées permanentes ; les compagnies d'ordonnance (9,000 hommes), et les francs-archers (16,000 hommes), que son fils Louis supprima en 1480. Dès ce moment, la royauté eut à sa solde des troupes régulières.

Comme on le voit, l'armée permanente est une œuvre royale créée pour les besoins de la royauté.

Je n'insiste pas sur cette origine ; il me suffit de l'avoir indiquée.

Nous avons aujourd'hui une armée active de 700,000 hommes ; une réserve de 500,000 hommes ; une armée territoriale, avec sa réserve, de 1,200,000 hommes.

Ces deux millions d'hommes sont prêts, les uns pour se masser sur nos frontières, les autres pour les franchir au besoin.

Nous avons dans nos arsenaux de bonnes armes, en nombre suffisant. Nous avons, pour nos réserves de cavalerie, trois fois plus de chevaux qu'il nous en faut.

Nos vaisseaux, renforcés de navires de commerce, composent une flotte formidable.

Et nous trouverions, au moment du danger, dans le nouvel état-major de nos armées, des généraux français et non les lâches serviteurs du dernier Empire.

Mais cet état militaire nous impose chaque année des dépenses énormes. Or, il faut, pour le maintenir, qu'il soit sérieusement motivé.

Car, que diriez-vous d'un citoyen qui, aujourd'hui, en France, s'obstinerait à tenir à grands frais un nombreux personnel de domestiques, armés jusques aux dents, pour se défendre contre les voleurs ?

Vous le traiteriez de fou, et vous auriez grandement raison.

Eh bien ! je le demande aux hommes politiques quelque peu sérieux, la nation française, avec la permanence de ses armements formidables, ne ressemble-t-elle pas quelque peu à ce citoyen ?

S'il y a, comme disait Laplace, six mille à parier contre un que nous n'aurons pas la guerre, pourquoi avoir 700,000 hommes sous les armes ?

Il faut établir que la guerre est non possible, mais probable. Le citoyen, cité plus haut, dira toujours qu'il peut être assassiné dans la nuit ; il est évident que le fait est dans le domaine du possible.

Mais est-il probable, assez probable pour consacrer chaque jour, à sa défense, une grande partie de ses ressources qu'il pourrait très bien utiliser ailleurs.

Non, bien certainement non, vu l'état actuel de notre organisation sociale, et vous ne le traiteriez pas moins de fou.

Il faut donc examiner si la guerre est non pas possible, mais probable.

Pour cela faire, nous n'avons qu'à jeter un rapide coup d'œil sur la situation respective des divers Etats de l'Europe.

Notre expédition en Tunisie qui pouvait, qui devait même susciter des complications de la plus haute gravité, aura, n'en déplaise aux pessimistes, l'issue la plus heureuse, la plus pacifique....... A quoi faut-il attribuer ce dénouement ?

Pour une grande part, à la récente réorganisation de nos forces militaires, mais pour une plus grande part encore à la désorganisation morale des monarchies européennes.

La puissance que nous aurions à redouter en première ligne est bien certainement l'empire d'Allemagne. Eh bien ! M. de Bismarck a accompli une œuvre grosse de difficultés ; la germanisation brutale de divers peuples.

Le sombre chancelier doit comprendre, en ces heures de méditations politiques, combien son œuvre est précaire et peu conforme aux idées contemporaines.

L'agglomération, par les armes, de plusieurs peuples, au dix-neuvième siècle, est un anachronisme politique, et il ne faut certes pas être un profond penseur pour le comprendre.

La force prime le droit, appartient à d'autres âges, âges de fer et de barbarie. Il n'est pas loisible aujourd'hui à un chef d'État quelconque de renouveler impunément Attila.

Napoléon Ier, après avoir bouleversé l'Europe, va expier, sur le rocher de Saint-Hélène, vingt ans de conquêtes inouïes.

Que sert à Bismarck d'avoir fondé l'empire d'Allemagne, ce dernier vestige du moyen âge? Cette œuvre qui lui a coûté tant d'efforts, tant de veilles, tant de sang, disparaîtra dès le lendemain de sa mort, sinon plus tôt.

Nous n'avons rien à craindre de l'Allemagne. Le soin de la politique intérieure absorbe et bien au delà, toute l'énergie morale du chancelier.

La dislocation de l'empire d'Allemagne est prochaine, inévitable, parce que cet empire est l'œuvre d'un homme et non d'un principe.

L'empire Russe va s'engloutir dans la plus effroyable des révolutions, et, dans son agonie sanglante, ne saurait songer à une guerre extérieure.

L'Autriche ne peut agir que sous la pression de ces deux puissances. Quant à l'Angleterre, l'Italie, l'Espagne, leurs plus graves intérêts leur commandent, d'une façon absolue, une sincère intimité avec la France.

Où donc voit-on des points assez noirs à l'horizon pour entretenir le plus formidable des armements! Pour imposer au peuple de si lourds sacrifices, il ne faut pas s'appuyer sur une simple possibilité de guerre dans un avenir plus ou moins lointain; il faut s'appuyer sur une probabilité d'une certaine évidence.

Or, qu'elle est la nation qui puisse vouloir nous faire la guerre? Où peuvent bien être les *casus belli*? Qu'on nous les indique.

Je ne vois partout que symptômes de paix. La Science s'impose à tous les peuples: or, la Science ne peut exister qu'avec la paix.

Nous avons déjà un projet d'unifier les diverses monnaies en Europe. Des études sérieuses se font en ce moment. N'est-ce pas un commencement des plus heureux pour un avenir prochain?

Un chemin de fer sous-marin est en voie d'exécution entre

l'Angleterre et la France. Ce gigantesque travail pourrait-il s'accomplir avec la guerre?

Est-ce que ces magnifiques expositions internationales, où tous les peuples viennent apporter leur contingent de travail, d'intelligence; où tous viennent se prêter main forte dans la lutte de la vie humaine; est-ce que toutes ces manifestations en faveur du progrès ne sont pas des gages sérieux d'une paix universelle?

Est-ce que ce concours hardi, audacieux de tous les peuples n'indique pas une ère nouvelle?

Arrière, dieux et rois, avec vos mesquines rivalités, s'effondrant alternativement dans des mers de sang et des années de famine!

Vous allez rentrer dans le néant de l'oubli. Vos sanglants souvenirs ne seront bientôt plus que de hideux cauchemars qui disparaîtront peu à peu dans l'éternité du passé.

> Place au peuple et à la Science.
> Les peuples ne veulent plus se battre.

La fédération européenne n'est plus une utopie réalisable dans les siècles à venir. Réactionnaires, politiques ou religieux, vous n'empêcherez pas les chemins de fer et les télégraphes de franchir vos frontières séculaires; le Commerce et l'Industrie de réunir les peuples que vous aviez séparés.

Et lorsque les dieux et les rois ne seront plus qu'un sombre et lointain souvenir, la guerre sera-t-elle possible?

Si vis pacem, para bellum. Telle est l'antique sagesse.

Certes je ne serai pas assez naïf pour conseiller un désarmement complet en présence des énergiques résistances, que la royauté oppose à l'idée républicaine. Mais ne sommes-nous pas prêts pour la guerre? Que vous-faut-il de plus?

Trois cent mille hommes suffisent et au delà pour les cadres et les dépôts. Les télégraphes et les chemins de fer vous permettent de mobiliser, en quinze jours, les quatre cent mille renvoyés dans leurs foyers.

Deux ans d'instruction militaire, trois ans pour quelques-uns, suffisent à nos besoins actuels de défense.

La permanence des armées nombreuses ne saurait avoir pour

partisans aujourd'hui, que les royalistes ou quelques vulgaires ambitieux qui voudraient masquer leur audacieuse médiocrité de quelques sanglantes victoires.

Pourquoi la France ne donnerait-elle pas, la première, l'exemple d'un désarmement progressif. Ce serait faire acte d'une grande puissance : quiconque désarme se sent fort.

Nous renvoyons quatre cent mille hommes dans leurs foyers. Que l'on me démontre donc la probabilité que telle ou telle nation de l'Europe nous sautera à la gorge dès le lendemain.

Je ne m'étendrai pas sur les conséquences immédiates du renvoi de ces quatre cent mille hommes,

L'Europe, on ne saurait se le dissimuler, a les yeux sur nous; jusqu'à ce jour elle a considéré notre fièvreuse ardeur à activer nôtre réorganisation militaire comme le moyen de prévenir le retour de désastres pareils à ceux de 1870.

Jusqu'à ce jour, elle n'a nullement protesté contre nos prodigieux armements, car elle les a considérés comme un moyen de défense.

Mais aujourd'hui que le but poursuivi est atteint, but fort légitime, nul ne l'a contesté, que dira l'Europe si nous continuons à nous imposer les plus lourds sacrifices pour avoir à chaque instant sous la main, 700,000 hommes prêts à franchir la frontière en quelques jours.

Est-ce que le maintien d'un armement aussi considérable ne pourrait pas être réputé une menace permanente contre le repos de l'Europe ? Est-ce que les puissances voisines ne seront pas en droit de se demander : Que veut la France, surtout après le discours de Strasbourg ?

Se défendre, répondra-t-on ! Mais qui donc la menace ?

L'Etat armé de l'Europe ?

Alors nous restons armés, parce que les rois de l'Europe ne désarment pas, et les rois de l'Europe ne désarment pas parce que nous restons armés.

Ainsi donc, nous voilà renfermés dans un cercle vicieux d'où nous ne sortirons infailliblement que par une guerre effroyable qui ensanglantera toute l'Europe, et qui enfantera, quoi... fatalement un recul vers la barbarie.

Si je ne savais très-bien que tous les députés réactionnaires du jour ne sont que de vraies taupes en politique, je leur supposerais un tel but.

Mais vous, députés républicains de toutes nuances, ce n'est certainement pas là le but que vous voulez atteindre.

Je le répète, il est non-seulement du devoir, mais de l'intérêt de la France, de procéder à un désarmement progressif. L'effet moral sera immense. Et à ceux qui me diraient que telle ou telle puissance voisine épie, pour nous courir sus, le moment où nous aurons fait passer 400,000 hommes de l'armée active dans l'armée de réserve, je répondrai :

Vous êtes des imbécilles ou des gens de mauvaise foi !

La réduction de l'armée active est une diminution immédiate des impôts ; plus 400,000 hommes, improductifs dans les casernes, et produisant immédiatement dans l'agriculture, l'industrie, etc.

Par cette mesure, notre influence morale en Europe, grandit ; nos impôts diminuent dans une proposition très sensible, et la fortune publique est augmentée du travail de 400,000 hommes jeunes et vigoureux.

On voit combien je suis sobre dans l'énumération des conséquences heureuses qui résulteront immédiatement de la réforme que je propose.

Chacun est assez intelligent pour comprendre combien la crainte réelle ou simulée de nos adversaires politiques est loin d'être un motif assez sérieux pour faire ajourner une réforme aussi importante.

De l'inamovibilité dans la magistrature.

Qu'est-ce que l'inamovibilité ?

L'inamovibilité est le caractère donné par la loi à toute fonction publique dont le titulaire ne peut être dépossédé sans son consentement, à moins d'excès d'âge, de forfaiture ou de mort civile. (Définition de Bachelet et Dézobry).

Louis XI, ce bandit altéré de sang, dont l'histoire suffirait seule pour faire exécrer la royauté, empoisonne son père après s'être révolté contre lui pendant vingt ans.

Dès qu'il est au pouvoir, il jure de se venger de tous ceux qui ont été les fidèles et loyaux serviteurs de son père. Aussi lâche que cruel, il lui faut pour cela faire une magistrature à lui. Il nomme des juges nouveaux et les déclare inamovibles.

On voit que l'origine de cette institution est bien digne de ceux qui la défendent avec tant d'opiniâtreté.

Aujourd'hui, avec la liberté de la presse, aussi restreinte qu'elle soit encore, il serait assez difficile, pour ne pas dire impossible, à un gouvernement républicain, de dicter un jugement aux juges.

Quel intérêt peut-on avoir donc à défendre l'inamovibilité des juges avec tant d'acharnement.

Le voici : L'Empire, pendant près de vingt ans, peupla toutes les administrations de ses créatures. La magistrature n'échappa point à cette transformation radicale du personnel.

Un dévouement sans borne à l'Empereur, une affectation dans les pratiques religieuses, ou, lorsque la femme du postulant était jolie, une simple indifférence qui, toutefois, en certaines circonstances, devait se changer en prosélytisme ardent, en fanatisme haineux ; tels étaient les seuls titres exigés.

Quant à la moralité, l'honnêteté, la capacité, il n'en était nullement question. Et lorsque je parle de l'influence de la femme, je n'exagère nullement : les trois quarts des fonctionnaires en général ont dû leur position à leur femme.

On semble quelquefois l'oublier : Bonaparte et l'Épiscopat français sont, à complicité égale, fauteurs criminels du 2 Décembre.

Tyrannie et fanatisme sont inséparables.

Lorsque Bonaparte, escorté de misérables qui, pour tout capital, avaient quelques centaines de mille francs de dettes, joua sa tête contre un empire, l'épiscopat français épiait ses moindres actions depuis quatre ans : il flairait en lui l'homme providentiel.

A nous la France, — partageons, — se dirent ces hommes sinistres, vrais types du moyen âge.

A toi, Bonaparte, le pouvoir et l'or ;

A nous prêtres, l'or et les femmes.

Et à nous tous, la justice !

Et pendant que Bonaparte, triomphant, fusillait tout ce qu'il y avait d'honnête en France, l'épiscopat entonnait le *Te Deum*, appelant sur ce bandit couronné les bénédictions du bandit Jéhovah.

Et aussitôt, bonapartistes et prêtres se mettaient à l'œuvre et, à l'instar de Louis XI, confiaient à leurs créatures le soin de rendre la justice.

Aussi voit-on le clergé et les bonapartistes soutenir, de toute leur influence, l'inamovibilité des juges.

L'inamovibilité rend le juge indépendant : c'est là son but. Très bien. Mais le rend-elle incorruptible ? le rend-elle parfait ?

Or, si le juge peut être corrompu, l'inamovibilité devient un danger sérieux, car le juge tient en ses mains la fortune, l'honneur, la vie des citoyens.

Mais si le juge craint le contrôle de l'opinion publique, de la presse, qui le dénoncera au gouvernement qui le nomme et qui peut le révoquer, il y regardera à deux fois avant de rendre ses jugements.

Avec l'inamovibilité, nous avons des juges proclamant la chasteté des prêtres qui violent nos filles ; insultant à la conscience des jurés ; jettant en prison, sous la République, des citoyens qui crient : à bas les tyrans, tandis qu'ils acquittent des prêtres qui crient : à bas la République.

Avec des juges révocables par le gouvernement nous avons le contrôle de l'opinion publique qui empêche bien des turpitudes.

Nous savons parfaitement que nos juges auront bien des imperfections, et c'est pour cela que nous les voulons révocables.

Nous, philosophes de l'école positiviste, nous n'avons pas la ridicule prétention de viser l'état parfait : nous ne ferons jamais des saints, pas même des Labre.

Nous savons, nous reconnaissons très humblement que la perfection n'est pas en nous. D'ailleurs, nous serions fort embarrassés de dire ce qu'on entend par perfection. Selon nous, tout est relatif : rien d'absolu.

L'absolu ne se trouve même pas dans les commandements de votre dieu.

Exemple :

Homicide point ne seras
De fait ni volontairement.

Or, dans votre Histoire Sainte, à chaque pas, nous marchons sur des milliers de cadavres.

Vos papes ont fait égorger des millions d'hommes.

Des centaines de mille ont péri dans les croisades.

C'est aussi par centaines de mille que l'inquisition chrétienne a tué les hommes, en Espagne par le feu, en France par le fer.

Autre exemple :

Tes père et mère honoreras, etc.

Je suis bâtard : je suis un de ceux que l'on croit sans doute bafouer en les désignant sous la qualification d'enfant naturel ; les autres sans doute sont surnaturels.

Ma mère dévore sa honte dans les larmes et la misère.

Moi-même, mourant de faim, je traîne mes haillons dans la rue où je mendie un morceau de pain.

Et il faut que j'aime, que j'honore mon père !

Je suis à peine nubile : ma mère veut faire trafic de ma beauté, de mes quinze ans.

Et je dois aimer, honorer ma mère !

Mais ce que nous voulons, et nous le voulons bien, ne l'oubliez pas, messieurs les rétrogrades, nous voulons le maximum du bien possible.

Voilà notre idéal que nous atteindrons, parce qu'il existe virtuellement dans l'enseignement scientifique.

D'ailleurs, au sujet de cette réforme, il est inutile d'insister.

Depuis quelques années la conduite des juges nous donne des arguments tout autrement puissants, tout autrement indiscutables que tous ceux que nous pourrions produire à ce sujet.

Pour peu que MM. les juges continuent à se moquer de la République, qui les paie, et de la justice qu'ils ont mission de rendre, notre cause sera bientôt gagnée.

Mais il ne suffira pas d'avoir des juges que le contrôle de l'opinion publique maintienne dans le devoir ; il faut aussi avoir de bonnes lois.

Il faudra donc faire disparaître de nos codes tout ce qui est œuvre d'hypocrisie jésuitique, d'iniquité révoltante, de barbarie atroce.

Liberté absolue de la Presse

Cette réforme réclamée depuis si longtemps, a été envisagée sous toutes ses faces par les hommes les plus compétents.

A l'heure qu'il est, c'est une question pendante devant la Chambre des députés. Et comme sa solution ne saurait être que celle qui est impérieusement exigée pour les besoins de notre cause, je n'insiste pas.

Je ne saurais prévoir quels arguments quelque peu sérieux pourront produire les adversaires de cette réforme.

Il leur sera bien difficile d'établir que la Presse ne doive pas rentrer sous le droit commun, c'est-à-dire jouir d'une liberté absolue, à ses risques et périls.

Je n'insiste que sur un point.

Il faut des peines draconniennes contre tout journaliste qui, sciemment, de mauvaise foi, propagera de fausses nouvelles, capables de compromettre soit la sécurité publique, soit nos rapports internationaux.

Le journal doit être supprimé, et le fauteur de la nouvelle frappé d'ostracisme.

Depuis que ces lignes ont été écrites, la loi a été promulguée. Cette loi est à refaire.

Le Divorce.

Ici encore nous sommes en face d'une institution chrétienne : l'indissolubilité du mariage.

Il y a plus de trois siècles, le dernier concile œcuménique, rassemblé à Trente, décida que le mariage serait indissoluble.

Notre révolution établit le divorce, mais avec une clause absolue : les époux divorcés ne pouvaient se remarier ensemble.

En 1816, la monarchie abolit le divorce.

Après la révolution de 1830, on tenta inutilement de le rétablir, et aujourd'hui, tous ceux qui ont quelque souci du bien général de la société, veulent faire cesser le désordre qu'enfante le mariage actuel.

Il est parfaitement inutile de rechercher, dans l'historique du mariage, des raisons qui militent en faveur de la thèse que je soutiens.

Il serait temps de se débarrasser de la manie que nous avons, en France, d'invoquer les faits et gestes de nos voisins quand il s'agit de retoucher à quelque rouage de nos institutions politiques.

Ainsi, à propos de l'instruction primaire, on a compilé les lois de tous les peuples qui savent lire et écrire : cela nous a parfaitement réussi, il faut en convenir.

Nous devons trouver chez nous le fonds nécessaire pour construire. Nous sommes majeurs, dans la société européenne; nous devons le prouver.

Aussi je ne rechercherai pas ce qu'a été et ce que peut bien être encore aujourd'hui le mariage chez les anciens et les modernes. Ces recherches prouveraient l'érudition, mais ne sauraient faire avancer d'un pas la solution du problème qui est à résoudre.

Dans les faits présents de notre société, je trouverai amplement à démontrer que le mariage indissoluble est la source de la plus grande partie de nos désordres.

Le mariage doit être considéré sous deux points de vue :

1º Au point de vue du bonheur de l'individu;

2º Au point de vue de l'ordre dans la société.

L'indissolubilité du mariage implique la certitude, l'absolu, l'infaillible.

Dans le mariage actuel, un homme et une femme passent un contrat, par lequel ils s'engagent à rester toute leur vie ensemble, la mort seule peut rompre ce contrat et ses effets.

Voyons ce que doit être un contrat.

Pour qu'il y ait contrat, il faut que les parties soient *capables* de contracter; qu'elles contractent *librement* et en *connaissance de cause*; que la matière du contrat soit *possible* et *certaine*.

Dans les affaires ordinaires de la vie qui, comparées à l'acte du mariage sont très secondaires, vous avez l'action résolutoire ; et vous ne me citerez pas un seul cas dans les divers contrats que l'homme et la femme peuvent contracter, où l'action résolutoire ne soit possible directement ou indirectement.

Or, dans le mariage où le contrat offre le moins de garanties, le législateur impose l'absolu. Pourquoi ? Il lui serait fort difficile de le dire.

Dans tout contrat, les parties doivent être capables de contracter.

Or, je le demande, une pauvre fillette de quinze ans peut-elle être réputée capable, par un législateur tant soit peu sérieux, d'engager, d'une façon irrévocable, l'avenir de toute sa vie.

Les parties doivent contracter librement et en connaissance de cause.

Le fabuliste a dit :

> Amour, amour, quand tu nous tiens,
> On peut bien dire, adieu prudence.

Sans faire un mariage d'inclination, le plus souvent les jeunes mariés ressentent un vif amour l'un pour l'autre : ils ne sauraient envisager de sang-froid les conséquences de leur engagement respectif.

Neuf fois sur dix, ils se connaissent à peine. Il est assez rare qu'ils aient été élevés ensemble. Le bon sens du vulgaire a fort bien dit : le mariage est une loterie.

Ainsi, le plus souvent, les époux sont jeunes, incapables de contracter : ils ne sont pas libres, étant sous l'influence de la famille.

La jeune fille est vendue quatre-vingt-dix-neuf fois sur cent.

Ils se connaissent à peine.

Et dans ces conditions-là, vous voulez qu'ils signent d'une façon irrévocable la promesse de vivre, nuit et jour ensemble, pendant toute leur vie !

Le législateur de 1816 s'est soumis aveuglément au prêtre. Or, le prêtre ne peut enseigner que l'Erreur. Toutes les fois qu'on lui permettra de porter son concours à l'œuvre sociale, nous aurons le désordre.

La matière du contrat doit être possible, certaine, c'est-à-dire, dans l'espèce, que l'homme et la femme soient tous les deux aptes au mariage, et que de ce mariage naîtront certainement des enfants.

Et si la fille épouse un eunuque, le mariage sera-t-il indissoluble? et si, sans épouser un eunuque, la fille épouse un homme épuisé par la débauche, impuissant, ce qui arrive très-souvent, le fait brutal n'est-il pas le même, le mariage est stérile. Ce mariage est-il indissoluble?

Il est un fait que vous ne contesterez pas: c'est le nombre toujours croissant des mariages sans enfants. Quelle en est la cause?

Pourquoi condamner tous ces hommes, toutes ces femmes, qui se chiffrent par centaines de mille, à passer leur vie sans famille, sans enfants?

L'indissolubilité du mariage implique la certitude, l'absolu, l'infaillible. Or, nous n'avons rien de tout cela dans le mariage actuel.

On le voit donc très-bien, le mariage indissoluble, loin de procurer le bonheur, fait le malheur d'une grande partie des français.

Si l'indissolubilité du mariage ne fait pas le bonheur des époux, du moins nous donne-t-elle l'ordre dans la société.

Ici je ne tracerai pas le tableau du mariage en France. Que chacun regarde autour de soi et réponde.

Vous m'accorderez bien que l'adultère est la règle commune d'un bout à l'autre de l'échelle sociale. Vous ne contesterez pas que, si à l'heure où j'écris ces lignes, tous les adultères étaient sous la main de la justice, vous n'auriez pas assez de prisons en France.

Et en présence d'un tel désordre, on ne tente pas même un essai quelconque!

On dirait vraiment que toutes les fois qu'on veut porter la main sur une institution chrétienne, le ciel va nous engloutir.

Le divorce fera cesser l'adultère neuf fois sur dix.

Si l'on veut bien raisonner de sang-froid, on verra tout d'abord qu'il n'y a que les enfants qui puissent nous intéresser sérieusement.

S'il i y a pas d'enfants, les époux reprennent chacun leur apport, car on ne doit considérer le mariage que comme une association à deux, dans la lutte de la vie, association d'où peuvent résulter des enfants, d'après la nature des êtres.

Le but n'est pas, d'une façon absolue, d'avoir des enfants: on le voit donc, on ne saurait poser de principe absolu à leur égard.

Toutefois, et je l'ai déjà dit, le sort des enfants; par cela seul qu'ils sont faibles, peut susciter quelque embarras au législateur.

Il ne peut y avoir que deux hypothèses : ou les époux garderont les enfants; ou ils refuseront de les garder.

Dans la première hypothèse, nulle difficulté.

Dans la seconde, l'état se chargerait des enfants abandonnés, à ses frais, si les époux sont pauvres; à leurs frais, s'ils sont riches.

L'Etat se charge bien aujourd'hui, et cela à ses frais, de tous les enfants abandonnés. Et il ne serait pas téméraire, je crois, d'affirmer que le nombre des enfants abandonnés serait moins grand qu'aujourd'hui, si le divorce existait.

Comment se ferait le mariage?

Par un simple contrat devant notaire.

Vous formez une association à deux; chacun fait son apport. Et lorsque l'association ne pourra plus durer, elle sera dissoute d'un commun accord, le plus souvent; et dans le cas contraire, les difficultés seront soumises à un tribunal.

La simplicité de ce contrat, la facilité de sa résolution apporteront une modification radicale dans nos mœurs qui ne sont qu'un désordre toujours croissant.

Dans un tel état de choses, très peu vivront en concubinage, contre lequel d'ailleurs, il faudrait une loi draconienne, car la sévérité de la répression doit toujours être en raison directe de la tolérance de la loi.

Diminuer les impôts.

La réforme des impôts est bien certainement une des plus graves, des plus urgentes, puisqu'elle intéresse directement le bien-être matériel de tous les membres de la société. Mais c'est aussi une question des plus complexes, qui exigera, pour être traitée utilement, le concours, non seulement des philosophes les plus sérieux, mais des praticiens les plus habiles les plus rompus aux affaires financières.

Il y a un principe élémentaire d'économie en général, à savoir, que pour diminuer les recettes, il faut nécessairement commencer par diminuer les dépenses.

Ainsi, un chef de famille qui verrait ses recettes diminuer sensiblement, et qui continuerait ses mêmes dépenses, arriverait fatalement à la ruine.

Ce principe s'applique également à une nation tout entière ; cela ne saurait faire aucun doute pour personne.

Or, tant que l'on n'appliquera pas ce principe dans une large mesure, toute réforme opérée ne saurait présenter une utilité bien marquée, et toute tentative de réforme sérieuse ne saurait être que prématurée.

Aussi, tant que l'on n'aura pas accompli radicalement les grandes réformes que j'ai déjà signalées, tant que la diminution des dépenses ne se chiffrera pas par centaines de millions, il est parfaitement inutile de tenter une nouvelle assiette des impôts.

Lorsque nos grandes réformes seront opérées, alors, mais alors seulement, les hommes d'État auront à s'occuper des divers moyens qui se présenteront naturellement : réduire l'impôt dans de larges proportions, en maintenant la dette publique ; amortir la dette publique, en maintenant la totalité des impôts, ou bien encore, et c'est la solution qui à mon avis devra prévaloir, mener de front les deux réformes, diminution des impôts et amortissement de la dette publique.

Mais, je le répète encore, jusqu'à la suppression du Sénat, du budget des cultes, la réduction de notre armée active, etc., etc., on ne saurait apporter, à la grave situation qui nous est faite par un budget aussi énorme que le nôtre, que des modifications insignifiantes.

Après avoir fait l'exposé des réformes que j'estime les plus urgentes, je vais esquisser, en quelques mots, les diverses phases de la lutte entre les opportunistes et les radicaux.

Quatre-vingt-dix-neuf fois sur cent, lorsque deux hommes discutent, ce n'est point parce qu'ils ont des opinions diamétralement opposées, ou même grandement divergentes : c'est parce qu'ils ne s'entendent pas sur la valeur des mots.

Je ne parle pas des discussions théologiques : tout le monde reconnaît parfaitement aujourd'hui qu'il n'y a que mauvaise foi chez le prêtre.

Avant donc de discuter, je vais définir, aussi clairement que je le pourrai, les termes opportunistes et radicaux : ces définitions simplifieront le débat bien certainement, et pourront peut-être amener, entre les deux seuls partis politiques qui restent à cette heure, une entente sincère, loyale (ce qui serait un grand bien pour la chose publique).

Il est d'abord indiscutable qu'opportunistes et radicaux concourent à l'établissement de la République en France.

Il faudrait m'accorder ce point de départ, sans conteste de part et d'autre, car il ne s'agit pas ici de récriminations plus ou moins oiseuses, parfois même irritantes, de républicains contre républicains.

Si, dans la discussion, il m'échappe quelque parole hardie, impatiente, que mes adversaires soient bien assurés que ce n'est pas un parti pris chez moi. Je ne saurais accepter d'être compté parmi ceux qui ne savent discuter qu'en injuriant leurs adversaires.

Ce que je veux avant tout, c'est faire la lumière. Si je suis radical, je suis bien loin d'être intransigeant, car si un adversaire quelconque en politique venait me prouver, par 2 fois 2 font 4, que je suis dans l'erreur, je n'hésiterai pas un seul instant à m'incliner. Je le répète encore, je ne me crois pas infaillible. Or, il est incontestable que pour être intransigeant, il faut se décerner avant tout un brevet d'infaillibilité.

Le pape est de cette force.

Ces principes de discussion posés, je continue.

Je dis donc que les opportunistes et les radicaux veulent fonder la République.

Quand et comment? Voilà la difficulté.

Les opportunistes veulent la fonder progressivement, au fur et à mesure que la possibilité des réformes se démontre (pour eux).

Les radicaux veulent que ces réformes soient immédiates.

La question doit donc se poser ainsi :

Le moment est-il venu d'opérer telle ou telle réforme ? Telle institution doit-elle être totalement supprimée ou simplement modifiée ?

D'abord, je ne puis m'empêcher de dire que certains opportunistes ont une singulière façon de traiter les radicaux.

A entendre certains organes de l'opportunisme, on croirait vraiment que les radicaux sont incapable de rien fonder d'utile à la République.

Nous ne serions que des utopistes, parfois même dangereux. Il faudrait, toutefois, être quelque peu logique, conséquent.

Vous nous reprochez notre radicalisme, et vous voulez faire disparaître, d'un seul coup, tous les tribunaux de première instance.

Voilà certes bien un radicalisme à outrance.

Vous voulez supprimer une institution qui, modifiée dans son personnel, offre des garanties sérieuses.

Et lorsque tout le monde (et vous-même) met en suspicion l'impartialité, l'honnêteté politique de trois juges, vous voulez remplacer ces trois juges par un seul.

Ce juge sera-t-il la créature du Gouvernement...nommé directement par lui....

Alors, nous irions loin sur ce terrain-là, Monsieur Gambetta; je vous engage à ne pas trop vous y aventurer : c'est un conseil que je me permets de vous donner.

Tout le monde admet une réforme dans la magistrature. Mais supprimer trois garanties et les remplacer par une seule, est-ce dans l'intérêt du peuple ?

Il est permis d'en douter.

Et lorsque votre réforme serait opérée, vous déclareriez vos juges inamovibles! vous proclameriez leur infaillibilité !!!

Nous avons le scrutin d'arrondissement qui, par des étapes successives, a suffi pour faire disparaître presque tous les députés ennemis de la République.

Et vous voulez supprimer radicalement ce mode de scrutin. Et le remplacer, par quoi ! Par le scrutin de liste.

Encore une fois, cette réforme est-elle pour le bien du peuple ? Le scrutin d'arrondissement a fait ses preuves: avec lui, nous avons la certitude.

Le scrutin de liste, c'est le doute, l'avenir.

Qu'en attendez-vous ? l'affermissement de la République ? Mais le scrutin d'arrondissement nous l'a déjà donné.

Pourquoi supprimer un mode d'élection qui fonde la République, progressivement, sans secousse et d'une façon certaine.

Le scrutin d'arrondissement est l'arme par excellence de l'opportunisme, et l'opportunisme veut briser cette arme.

Singulière idée, M. Gambetta ! singulière idée !

Je me plais à croire que la circulaire énergique, correcte, ferme, de votre Ministre de l'Intérieur a donné le coup de grâce à cette malencontreuse proposition que le plus clérical des anciens ministres avait eu l'audace de jeter en votre nom à la face du peuple.

Le scrutin de liste peut devenir une arme dangereuse pour les libertés publiques, entre les mains d'un gouvernement quelconque.

Le gouvernement n'est pas une abstraction. C'est bel et bien une ou plusieurs personnalités plus ou moins influentes

En ce moment-ci, le gouvernement est représenté par M. Gambetta dans la pénombre duquel on aperçoit à peine M. Grévy.

Lorsque nous, radicaux, nous réclamons la suppression du Sénat, comme la première des réformes à opérer, la réforme *sine qua non*, toutes les autres ne seront qu'une leurre, qu'un mensonge, on évoque aussitôt le spectre de la Convention. Pauvres intelligences qui n'ont pas encore compris que, pour qu'un même effet se produise, il faut nécessairement qu'une même cause existe.

Et je le demande au premier venu, les milieux où nous vivons en France, aujourd'hui, ont-ils quelque ressemblance avec l'état de la société, à la fin du siècle dernier.

Une convention est-elle possible aujourd'hui, du moins dans le sens qu'on veut bien lui donner ?

Mais, s'il n'est pas admissible qu'au sein du parlement actuel il puisse se former une majorité qui décrète la permanence de l'échafaud sur les places publiques ; pourrait-on bien affirmer qu'un ambitieux quelconque ne veuille pas se servir d'une majorité résultant du scrutin de liste !

Non, messieurs les opportunistes, vous ne nierez pas la possibilité d'une pareille dictature ?

Eh bien ! messieurs les opportunistes, pour l'honneur de votre parti, il faut abandonner le scrutin de liste.

Comme la femme de César, votre chef ne doit pas même être soupçonné,

Nous avons fondé la République actuelle avec le scrutin d'arrondissement. Dans quatre ans d'ici, il ne restera pas au parlement une seule épave des partis monarchistes : que peuvent vouloir de plus les républicains du jour ?

Loin de proscrire ce mode d'élection, nous devons le bénir. D'aucuns ont dit que le scrutin d'arrondissement favorisait, multipliait le népotisme.

Il faudrait être quelque peu sérieux, messieurs les opportunistes. A qui fera-t-on donc accroire qu'un député n'aura plus de famille, de cousins, de neveux, que les amis de ses amis ne seront plus ses amis, par ce seul fait qu'il figurera sur une liste, en compagnie de plusieurs autres candidats, au lieu d'y figurer seul ?

Je dis que cette considération ne saurait être prise au sérieux et si les opportunistes continuent, avec de pareilles armes, leur campagne en faveur du scrutin de liste (et surtout après la circulaire de M. Waldeck-Rousseau), je ne pourrai m'empêcher de suspecter la bonne foi de tels adversaires, et de flairer dans leur polémique un peu ardente, une manigance polititique au profit de quelque vulgaire ambitieux.

D'après ce qui précède, on voit très bien que les opportunistes sont radicaux quand ils le jugent utile à leurs vues.

Le radicalisme n'est donc pas un principe qui leur soit aussi antipathique qu'ils veulent bien le dire.

Poursuivons l'examen des différences qui existent entre l'opportunisme et le radicalisme.

Prenons pour thème de notre argumentation les deux grandes réformes qui concernent l'Eglise et l'armée.

Nous radicaux, nous voulons la suppression immédiate du budget des cultes.

Vous, opportunistes, admettez-vous cette suppression en principe ? évidemment vous admettez qu'un jour viendra où la Science, de son souffle puissant, aura balayé toutes les croyances populaires.

Eh bien ! pour nous, radicaux, ce jour-là est arrivé. L'étude des faits nous prouve : que la foi chrétienne n'est plus qu'un souvenir ; que ce qui peut rester encore du catholicisme primitif, n'est que vieilles habitudes, usages qui disparaissent rapidement chaque jour, que la grande majorité de la nation déserte les églises ; que, bon gré mal gré, il faudra compter avec les libres penseurs, c'est-à-dire avec une majorité qui, sous peu, sera la totalité.

Pourquoi donc imposer à tous les citoyens français le budget des cultes ? au nom de quelle justice, en vertu de quel principe m'obligez-vous à payer un homme dont je ne veux accepter les prétendus services à aucun prix ?

Vous voulez maintenir le concordat ?

Le 11 juin 1817, le même pape qui l'avait signé, le renia de concert avec Louis XVIII, et cela librement, sans y être nullement contraint.

Vous êtes donc, messieurs les opportunistes républicains, vous qui proclamez hautement la déchéance des Bonaparte, vous êtes donc, dis-je, après quatre-vingts ans, plus scrupuleux observateurs de la signature d'un Bonaparte, simple consul, que le pape Pie VII ne le fût lui-même de sa signature quinze ans plus tard !

Pourquoi cela ?

Est-ce pour avoir à votre dévotion un clergé national qui, selon vous, à un moment donné peut-être, vous offrirait quelque appui.

Illusions par trop naïves ! vous connaissez donc bien peu le peuple.

Retenez bien ce que j'affirme aujourd'hui ; pas un seul

paysan, pas un seul ouvrier ne prendrait le fusil à la voix du prêtre.

L'argent que la République donne au prêtre pourrait seul lui recruter quelques bandits, quelques-uns de ces déclassés qui ne désirent le désordre qu'en vue du pillage et qui serviraient le prêtre comme ils servirent Bonaparte au 2 Décembre.

Si aujourd'hui, vous craignez ces gens-là, si vous ne croyez pas que les honnêtes gens soient en grande majorité en France, vous êtes vraiment bien à plaindre.

Nous, radicaux nous demandons la réduction immédiate de l'effectif de l'armée active.

Ici, nous transigeons avec nos principes de radicalisme.

Nous avons la conviction que dans un avenir peut-être assez rapproché (les événements qui vont suivre la mort de l'empereur Guillaume pourront modifier cette date), la suppression des armées permanentes s'imposera aux diverses nations de l'Europe.

Mais nous n'hésitons pas à reconnaître que cette mesure est inopportune aujourd'hui ; et les immenses bienfaits qu'elle procurerait au peuple ne compenseraient peut-être pas certaines éventualités, grosses de sérieux dangers, en présence des royautés armées de l'Europe.

Vous voyez, messieurs les opportunistes, que nous savons reconnaître l'opportunité de certaines demi-réformes.

Nous sommes donc opportunistes à nos heures, tout comme vous êtes radicaux aux vôtres.

Pourquoi donc ne pourrions-nous pas nous entendre pour la direction, pour l'impulsion à donner aux réformes qui sont inévitables ?

C'est ici que ma tâche de polémiste politique devient ardue, délicate, car il me sera bien difficile de dire toute ma pensée, avec franchise, sans révéler, mettre à nu les faits et gestes du chef de l'opportunisme.

Or, M. Gambetta, est aujourd'hui au pouvoir ; il représente la France. L'attaquer, ou simplement chercher à diminuer le prestige qui s'attache à sa haute personnalité, sera réputé, par tous ses partisans, comme le fait d'un mauvais patriote.

Cependant si j'ai la conviction que M. Gambetta fait fausse

route ; si j'ai la prétention, bien audacieuse si vous le voulez, de le considérer comme n'étant pas à la hauteur de la mission que le hasard, une foule de circonstances imprévues, ont remise en ses mains !

Qui oserait m'imputer à crime ma manière de voir ?

Bien plus, lorsque j'examine avec une profonde attention, et avec impartialité, je l'affirme, les divergences, non superficielles, mais réelles entre l'opportunisme et le radicalisme. je ne peux m'empêcher de constater que l'opportunisme ne repose sur aucun principe, et que ses vues, ses aspirations sont aussi mobiles que peuvent l'être des intérêts personnels.

Les inconséquences de M. Gambetta, dans sa vie politique, ont été nombreuses. Elles impliquent forcément, une absence totale de principes.

A Belleville, un mot fut l'origine de sa fortune politique. Aujourd'hui, il veut le maintien du concordat. Il veut un clergé national. Il paie grassement, des deniers de la République, ce même clergé qu'il qualifiait autrefois d'ennemi.

Il ne comprend pas ou il ne veut pas comprendre que les demi-concessions irritent le prêtre, au lieu de le calmer ; que payer le prêtre, aujourd'hui, pour l'obliger à respecter la République, c'est bien certainemsnt lui fournir des armes pour la combattre.

Je lis dans un journal opportuniste d'aujourd'hui :

« Nous aurons beau dire ; tant que l'Eglise ne sera pas maîtresse absolue des corps et des âmes, tant qu'elle ne règnera pas seule au milieu de l'asservissement universel, elle se prétendra persécutée et asservie. Toute son histoire, depuis les temps les plus reculés, en fait malheureusement foi. »

Et après un tel aveu de votre part, messieurs les opportunistes, vous voulez transiger avec le prêtre ?

N'oubliez pas que son unique devise est : tout ou rien.

M. Gambetta signe le décret du 31 janvier 1871 (inéligibilité de tous les anciens partisans de l'empire), décret qui lui valut de la part de M. de Bismarck la qualification d'oppresseur arbitraire, qualification à laquelle il s'empressa de répondre, il est vrai, en proclamant insolentes les prétentions de M. de Bismarck.

Ce décret fut cassé quatre jours après, par le Gouvernement de la Défense nationale à Paris.

Voilà donc M. Gambetta prononçant, de sa propre autorité, *proprio motu*, l'ostracisme contre tous les partisans de l'empire.

Et nous l'avons vu dernièrement patronner avec ardeur la candidature d'un Dugué de la Fauconnerie!

Quantum mutatus ab illo!

Et nous avons entendu le pire des aventuriers politiques, un Robert Mittchel, ce triste personnage qui a fait une œuvre malsaine, œuvre immorale, criminelle dans l'arrondissement de La Réole, nous l'avons entendu se dire le commensal, l'ami intime de M. Gambetta!

Après le décret du trente-un janvier 1871, n'est-ce pas une suprême honte pour les opportunistes, de voir un Robert Mittchel soutenir les candidatures de M. Gambetta!

En février 1875, M. Gambetta soutient, avec énergie, le projet de dissolution de l'assemblée qu'il déclare incapable de rien fonder; et hier encore il soutenait la Constitution, œuvre de cette assemblée. Aujourd'hui, il veut la modifier. Comment? en mettant le Sénat en harmonie plus complète avec la nature démocratique de notre société.

Voyons, franchement, est-il permis à un Président du Conseil des ministres de tenir un tel langage à une nation?

Que veut-il dire par cette harmonie plus complète avec l'état social?

Il faudra donc toujours se torturer l'esprit pour deviner ce sphinx politique?

Est-ce donc de la profondeur d'esprit, de la profondeur en politique de voiler sa pensée?

Lorsqu'il s'agit de la politique extérieure, je conçois très bien de la part d'un chef de cabinet, les réticences, la retenue.

Mais lorsqu'il s'agit de nos affaires intérieures, qui nous sont personnelles, pouvons-nous dire, on devrait carrément exposer tout ce que l'on pense.

A propos donc de cette harmonie, qu'a voulu dire M. Gambetta? veut-il, pour futurs sénateurs, des républicains en tout parfaitement semblables aux républicains de la chambre des députés?

Ce serait bien là l'idéal de l'harmonie.

L'opportunisme qui n'est, comme son aîné le conservateur, qu'un mot vide de sens, ne reposant sur aucun principe, a besoin de chercher quelques points d'appui en dehors de sa sphère d'activité : il tâte le terrain.

Il cherche un clergé national; il tend la main aux bonapartistes qui sont sans feu ni lieu politiques.

Quant au prêtre messieurs les opportunistes, ne vous y trompez pas, je viens de vous le dire il n'y a qu'un instant, sa devise est immuable: tout ou rien.

Les chefs bonapartistes, eux, seront de meilleure composition: vous pourrez en faire quelque chose, pourvu toutefois que vous ne les conviiez pas à une entreprise honnête.

Le radicalisme, lui, est un principe; faire table rase de tout ce qui est réputé et reconnu mauvais, nuisible. Son unique objectif est le juste, l'honnête.

Pour le radicalisme, il n'y a que le peuple: c'est sur le peuple qu'il s'appuie.

Ainsi la suppression du budget des cultes, pour le radicalisme, est une simple question d'honnêteté.

Selon lui, on ne saurait, au nom de la liberté de conscience, obliger un citoyen à payer un prêtre dont il n'a nul besoin.

Il est un principe élémentaire de justice qui veut qu'on ne paie que les services rendus. Or le prêtre ne me rend aucun service. Pourquoi donc m'obliger à lui donner l'argent que je gagne à la sueur de mon front?

D'après ce qui précède, il n'est pas difficile de prédire la marche des événements politiques qui vont s'accomplir en France d'ici à cinq ans.

Dans la lutte actuelle pour la réorganisation de l'état social, on ne saurait prévoir que deux solutions:

1° L'opportunisme, pendant la durée de la présente législature, évoluera lentement vers le radicalisme, de telle sorte qu'après quatre ans, la fusion sera complète sur le domaine de nos principes radicaux. Les élections cimenteront cette fusion en achevant d'éliminer les dernières épaves de la réaction.

2° Ou bien l'opportunisme résistera, enrayant la marche, selon lui trop rapide, en avant. Alors les élections en 1885 feront disparaître sans effort, tout élément réactionnaire. Le peuple souverain indiquera ses volontés d'une façon non équivoque, ne laissant aucun doute dans les esprits.

Les candidats opportunistes subiront fatalement le sort de leurs aînés, les candidats conservateurs. Comme ces derniers, ils n'auront pas même la suprême consolation de pouvoir constituer un parti d'opposition.

Il n'y aurait qu'une chose à craindre dans la Chambre de 1885. Le radicalisme ayant été comprimé pendant quatre ans par l'opportunisme, il pourrait se faire que les réformes radicales se multiplient immédiatement, et qu'une précipitation regrettable se produise dans l'application des réformes. Mais il faut aussi considérer que les esprits seront mieux préparés qu'aujourd'hui.

Tout le monde reconnaît que l'esprit français marche chaque jour en avant d'une façon étonnante, et il est très raisonnable d'admettre que cette préparation des esprits atténuera grandement tout ce qu'il pourrait y avoir, à nos yeux, d'imprudent dans l'application immédiate de réformes radicales, qui s'opèreront certainement à partir de 1885.

Après l'essai que nous allons faire d'un gouvernement opportuniste, le seul gouvernement qui s'imposera en France sera celui des radicaux opportunistes.

Le seul but de ce gouvernement radical opportuniste (ou plus simplement radical ; le qualificatif opportuniste est inutile) le seul but, dis-je, sera d'agrandir, de multiplier le bien-être matériel et moral des citoyens.

Ici, nous nous trouvons en face de cette importante question sociale que le gouvernement a le devoir de résoudre à bref délai, s'il ne veut pas qu'elle ait la solution la plus déplorable, la plus funeste.

La *bellua centiceps* d'Horace commence à rugir ses aspirations insensées, ses vœux criminels. Le péril n'est pas imminent, je veux bien le croire. Toutefois, il sera prudent de ne pas trop ajourner.

Je ne peux, en quelques lignes, discuter convenablement sur cette question que je me réserve de traiter à fond dans le 15e fascicule du *Catéchisme de l'Homme.*

Je ne vais donc qu'en tracer les principaux linéaments.

La société, en France, comprend trois groupes de citoyens

assez distincts : les riches, oisifs ou travailleurs, les paysans et les ouvriers.

Les premiers doivent participer, dans une large mesure, aux diverses charges de l'État. Exemple : il y a quelques années à peine, la calèche à quatre chevaux du millionnaire ne payait aucune taxe, et la charrette, la voiture de l'ouvrier, l'unique gagne-pain très souvent de toute une famille, payait un impôt énorme.

Le principe démocratique de tout impôt est celui-ci : ménager le nécessaire et frapper le luxe.

La calèche devra donc payer la majeure partie de l'impôt.

Le paysan doit aussi fournir une quote-part importante. Mais il n'est pas besoin de remonter à Sully pour comprendre que l'agriculture est l'unique mamelle de la nation française, et qu'à ce titre, elle a droit à de grands ménagements. Car si elle a un appui sérieux, incontestable en elle-même (la propriété du sol) elle a à redouter certaines éventualités qui peuvent atteindre sa prospérité d'une façon fort rude : telle la crise qu'elle traverse aujourd'hui.

Dès que les dépenses nationales seront notablement diminuées, il faudra immédiatement dégrever le foncier.

Le troisième groupe de citoyens comprend les ouvriers qui se subdivisent en deux groupes assez distincts : les ouvriers du nécessaire, les ouvriers du luxe.

Il est évident que les uns et les autres n'ont pas un droit égal à la sollicitude du gouvernement ; car celui qui bâtit ma maison, me procure un vêtement, fabrique les instruments nécessaires à ces industries, est tout autrement utile à la société que le joailler et le bimbelotier.

On voit très bien que les diverses branches de l'industrie ne sauraient être imposées de la même façon. La quotité de l'impôt doit être en raison inverse de l'importance des besoins. Le vêtement, la maison sont des besoins que l'on peut considérer aujourd'hui comme naturels.

Le café, le cigare sont des besoins factices.

Tout gouvernement démocratique devra donc dégrever, dans une large mesure, les besoins naturels, le nécessaire, et charger les besoins factices, le luxe.

Mais, ces principes admis par un gouvernement républicain, mis en pratique par lui, suffiront-ils pour résoudre la question sociale, apporter le bien-être et bannir la misère ?

Je suis loin de le penser.

Il faudra nécessairement, pour atteindre ce résultat, le concours sémultané du gouvernement et des citoyens. Des lois, des décrets ne sauraient résoudre la question sociale, que l'on ne s'y trompe pas. L'initiative individuelle aidera, d'une façon majeure, capitale, puis-je dire.

Et en effet, en quoi la diminution des impôts, des patentes, pourra-t-elle être profitable, utile au bien-être général, si l'ouvrier qui gagne *six francs* par jour continue à en dépenser *huit* pour satisfaire à des besoins factices ?

Le paysan, à l'heure qu'il est, malgré la pénurie des récoltes, ne se plaint pas trop de la misère. La gêne se fait bien sentir un peu ; mais sa position est tolérable. Pourquoi ?

La réponse est bien facile; je la trouve dans les détails de sa vie.

Il travaille tous les jours. Il vit très sobrement. Ses vêtements sont des plus simples. Et à peine le dimanche, dépense-t-il *quinze* ou *vingt centimes* au café du village.

Après de longues années de cette vie de travail et d'épargnes, il a agrandi son patrimoine ou amassé quelque argent.

Si les récoltes étaient abondantes, il serait dans l'aisance. Malgré la disette, il vit assez bien.

L'ouvrier, le plus souvent, vit au jour le jour, sans souci de l'avenir. Et tandis que le paysan, au milieu de ses pénibles travaux, ne songe nullement au luxe et aux besoins factices, l'ouvrier des villes va engloutir ses épargnes et sa santé dans les cafés, les théâtres et autres lieux.

Quant à l'exploitation de la main-d'œuvre par le capital, aucun gouvernement n'y pourra jamais rien. Il est parfaitement inutile que nos législateurs cherchent une solution légale à la question des grèves.

M. X. possède un million. A ses risques et périls, il place ce capital dans une entreprise quelconque qui peut très bien le ruiner.

Des ouvriers lui prêtent leur concours dans des conditions volontairement souscrites.

Ici, je n'ai jamais pu concevoir l'intervention de la loi entre le patron et l'ouvrier.

Le patron double son capital, dit l'ouvrier; c'est grâce à mon travail. N'est-il donc pas juste que je partage ses gros bénéfices ?

Et s'il perdait son million (ce qui arrive quelquefois), l'ouvrier partagera-t-il aussi la perte ? Evidemment non.

Le capital-travail ne peut être assimilé d'une façon absolue au capital-argent.

La rude logique de Proudhon saurait à peine s'appliquer à une société de gorilles.

L'impôt progressif, appliqué avec modération, sera, malgré les spécieuses argumentations de M. Thiers dans son livre *De la Propriété*, l'unique moyen honnête, juste, de rétablir l'équilibre social, dans la mesure du possible.

Un exemple fera mieux comprendre ma pensée.

M. A... possède 100,000 fr. de rentes.

L'ouvrier X... n'en a que 1,000.

Avec l'impôt proportionnel, si nous le supposons d'un dixième sur le revenu, M. A... paiera 10,000 fr., et l'ouvrier X... 100 fr. Le premier restera donc avec 90,000 fr. pour vivre, et le second avec 900 fr.

Or, je le demande, au point de vue des besoins naturels, du nécessaire, et non du luxe entendons-nous bien, M. A... n'est-il pas trop grandement favorisé vis-à-vis de l'ouvrier X... ?

Avec l'impôt progressif, si nous avions M. A... payant un cinquième, je suppose, et l'ouvrier X... un vingtième, nous aurions M. A... avec 80,000 francs de rentes, et l'ouvrier X... avec 950 francs.

Or, toujours au même point de vue, au point de vue des besoins naturels, du nécessaire, M. A... ne resterait-il pas suffisamment favorisé ?

L'État démocratique établira fatalement cet impôt, car chaque jour le peuple désigne, pour le représenter, des hommes pris dans son sein.

Et il arrivera un moment où la majorité de la Chambre étant démocratique, les lois seront naturellement démocratiques, c'est-à-dire en faveur du peuple, au détriment des grandes richesses particulières.

C'est la conséquence inéluctable du suffrage universel. Mais il ne faudrait pas que l'ouvrier pût croire à une moyenne, dans le luxe, pour chaque citoyen.

Ce serait une profonde erreur.

Tous nos efforts doivent tendre vers une répartition, la plus égale possible, du nécessaire. Mais là doit s'arrêter la réforme d'une façon absolue.

Nous ne saurions viser l'égalité dans le luxe, sans bouleverser les conditions sociales, de la façon la plus inutile, la plus injuste. Ce serait proclamer le partage de *tout entre tous*, utopie la plus idiote, la plus impossible, et qui serait criminelle de lèse-société.

Je dirai donc aux ouvriers :

Si vous voulez faire faire un grand pas à la question sociale, dépensez moins que vous ne gagnez, et multipliez entre vous les sociétés de secours.

Le gouvernement ne pourra dégrever vos charges que lorsque les importantes réformes que je demande seront opérées dans le budget des dépenses.

Le gouvernement de M. Gambetta va-t-il entrer résolument dans la voie des réformes radicales ?

Je ne le crois pas.

L'opinion publique, en ce moment-ci, est gravement préoccupée ; bien plus, elle s'inquiète. Pourquoi ?

Parce qu'elle ne voit un programme nulle part.

Tout gouvernement démocratique doit économiser sévèrement les deniers de la République. Or, jusqu'à ce jour, on ne ménage guère nos finances.

En outre, M. Gambetta qui frappait jadis d'un ostracisme impitoyable tous les partisans de l'Empire, confie à ces mêmes partisans le soin de faire prospérer la République.

La nomination de M. de Miribel est une injure grave à l'état-major républicain de notre armée nationale ; et l'opinion publique n'acceptera jamais que tous les officiers républicains soient des incapables.

Pour gouverner, en France, il faut la sûreté, la rectitude du jugement. Or, l'opportunisme est loin d'avoir fait ses preuves.

Vous tâtez le pouls de la France. L'heure du scrutin de liste a sonné. Vous descendez vous-même dans l'arène. Vous déployez toutes vos ressources.

Le scrutin de liste est rejeté.

Son heure n'avait donc pas sonné; vous avez commis une grosse erreur.

L'opportunisme qui veut nous diriger est donc bien loin d'être infaillible.

A peine au pouvoir, M. Gambetta a vu sa fortune politique singulièrement ébranlée par la déclaration du gouvernement, par la formation intempestive de nouveaux ministères qui lui a valu l'incident Ribot, par la très fâcheuse nomination de M. de Miribel, par les précautions oratoires de son discours au Sénat, etc.

M. Gambetta pourrait peut-être se relever encore aux yeux de l'opinion publique; mais qu'il sache bien que le seul gouvernement possible en France, aujourd'hui, est celui qui appliquera, d'une façon rigoureuse, les principes suivants :

1° Economiser sévèrement l'argent des électeurs;

2° Confier le soin de la chose publique à des républicains éprouvés;

3° Formuler un programme radical, avec loyauté et précision, en tête duquel sera inscrit :

Suppression du Sénat.

DUTILH,
Instituteur public (ex-capitaine volontaire des mobilisés de la Gironde en 1870).

Saint-Vivien, par Monségur (Gironde),
le 1er Nivôse de l'an 89.

Bordeaux. — Imp. Nouvelle A. BELLIER, et Cⁱᵉ, 16, rue Cabirol.

Défauts constatés sur le document original

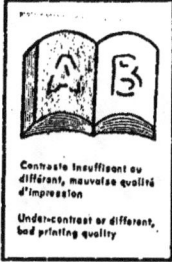

Contraste insuffisant ou
différent, mauvaise qualité
d'impression

Under-contrast or different,
bad printing quality

www.ingramcontent.com/pod-product-compliance
Lightning Source LLC
Chambersburg PA
CBHW052050270326

41931CB00012B/2704